1인자를 만든
2인자들

이철희 지음

1권

BF북스
BARRIER FREE BOOKS

머리말

2인자, 누구인가?

조직에서 두 번째 높은 지위에 있는 사람이 2인자다. 이런 이해는, 거두절미하고 잘못된 것이다. 무지 혹은 오해, 그것도 아니라면 왜곡이다. 총리가 2인자인가. 아니다. 2인자는 지위 개념이 아니라 역할 개념이다. 2인자는 1인자 다음으로 가장 중요한 역할을 수행하는 참모다. 비록 사장 바로 밑의 부사장이 아닌 과장일지라도 그가 가장 중요한 역할을 수행한다면, 그 사람이 2인자다. 따라서 2인자라 함은 가장 중요한 역할을 맡은, 가장 질적으로 기여하는 참모를 말한다. 2인자란 넘버 투number two가 아니다. 비유하자면, 롤 투role two다. 퀄리티 투quality two다. 게다가 2인자는 한 사람이 아니다. 유방을 보자. 전략에선 장량이 2인자다. 행정에선 소하가

2인자다. 야전에선 한신이 2인자다. 이처럼 2인자의 역할을 하는 사람은 기능에 따라, 사안에 따라 얼마든지 달라진다.

어느 조직이든 단 한 사람 1인자를 제외하고 궁극적으로 모두 참모다. 또 어느 누구든 2인자가 될 수 있다. 1인자와 2인자, 리더와 참모의 본질적 차이는 서열이 아니다. 주종이 아니다. 역할의 대등한 분담이다. 1인자와 2인자, 리더와 참모 간에 어떻게 역할을 나누어야 하는지에 대해선 정답이 없다. 수없이 다양한 모델이 존재한다. 이 책에 등장하는 1인자와 2인자도 각각 다른 역할 분담의 양태를 보여주고 있다. 그러나 모습이 비록 다양할지라도 본질은 하나다. 상호 보완적이어야 한다는 것이다. 리더와 참모를 나누는 이유는 실패를 막고, 성공하기 위해서다. 그것이 실패를 막는 데 가장 효과적이고, 그것이 성공을 낳는 데 가장 효율적이기 때문이다. 따라서 협력과 상보도 있어야 하지만, 길항과 견제도 있어야 한다. 그러므로 한쪽이 일방적으로 희생하는 것이나 한쪽이 일방적으로 독주하는 것은 잘못이다. 역할 분담의 존재 이유를 부정하는 것이다. 그 부정의 결과는 위축, 탈락, 도산, 부도와 같은 패배뿐이다.

자… 리더십은 결코 1인자의 전유물이 아니다. 그래서도 안 되고, 그럴 수도 없다. 1인자에게 필요한 리더십이 있고, 2인자에게 요구되는 리더십이 있다. 리더에겐 리더의 리더십이, 참모에겐 참모의 리더십이 있다. 바로 '참모 리더십'이다. '참모 리더십'이란 말은 일종의 형용모순形容矛盾이다. 리더leader가 발휘하는 지도력이 리더십leadership이라고 보면 참모 리더십이란 말은 어불성설이다. 그러나 현실은 그렇지 않다. 장량의 참모 리더십이 없었다면 과연 유방이 한漢 왕조 창업에 성공했을까. 정도전 없이 이성계가 왕위에 올랐을까. 이 책은 탁월한 2인자가 위대한 참모 리더십을 발휘해 리더를 성공시킨 이야기다. 참모 리더십이 개인이나 조직의 성패를 좌우한다는 것이 이 책의 명제다. 발칙한 결론이다.

물었다.

"나 같은 사람은 얼마나 많은 군대를 이끌 수 있겠소?"

대답했다.

"넉넉잡아 십만 명 정도는 이끌 수 있을 것입니다."

또 물었다.

"그럼 너는?"

또 대답했다.

"많으면 많을수록 좋습니다多多益善."

뾰로통해서 물었다.

"그렇게 잘났는데 왜 내 밑에 있나?"

마지못해 대답했다.

"그대는 군대를 이끌 수는 없지만, 장수를 거느릴 수는 있습니다. 이것이 제가 그대 밑에 있는 이유입니다."

『사기』에 나오는 유방과 한신의 대화다. 리더 유방이 물었고, 참모 한신이 대답했다. 여기서 한신의 대답이 리더십의 핵심을 명쾌하게 짚고 있다. '장수를 리드하는 것이 리더의 리더십이라면, 병사를 리드하는 것은 참모의 리더십이다.' 유방은 장량, 소하, 한신과 같은 참모들이 리더십을 발휘하도록 해 성공했다. 이처럼 한 왕조는 참모 리더십과 리더 리더십이 어우러져 낳은 결과물이다.

참모 리더십을 주장한다고 해서 참모가 리더보다

위에 있다는 것이 아니다. 더 중요하다는 것도 아니다. 다만 개인이든 조직이든, 구멍가게든 대기업이든 참모 리더십이 성공이나 승리의 핵심 요체라는 점을 말하고 싶은 것이다. 보스나 리더 혼자 아무리 잘나도 한계가 있다는 점을 지적하고 싶은 것이다. 원맨쇼, 무지한 리더의 착각이요 패망에 이르는 왕도라는 사실을 알리고 싶어서다. 한 사람을 제외하곤 우리 모두 참모로서 살고 있기 때문에 바로 우리들의 기를 살려주려는 희망 때문이다. 낮은 곳에서 일하는 그대, 그대가 세상의 주인이다. 주저 없이 리더십을 발휘하라. 뭘 주저하랴. 성패는 그대에게 달렸다.

이 책은 약 6년 전에 출간했던 『1인자를 만든 참모들』의 개정판이다. 제법 세월이 흐른 뒤에 다시 읽어보니 부끄러운 대목이 적지 않았다. 글의 상당 부분을 새로 쓰다시피 했다. 매끄러운 문장이 되도록 퇴고를 거듭했다. 초판에서 조명한 8명의 인물 중 2명을 교체했다. 클린턴을 도운 딕 모리스와 세조의 한명회를 뺐다. 대신 오바마를 대통령으로 만들어낸 데이비드 액설로드와 삼성의 2인자를 지낸 이학수를 새로 넣었다. 시의와 인물의 품격을 고려했기 때문이다. 『1인자를 만든 참모들』에 보여준 독자들의 반응은 고맙기도 하고, 큰 부담이기도 했다. 어떻게 해서든 고마움을 표하고, 부담을 덜고 싶었다. 그래서 잘 다듬어 더 나아진 모습으로 다시 출간하는 방법을 선택했다. 그런데 책을 내는 이 순간에도 마음이 영 개운치 않다. 여전히 뭔가 부족하다는 느낌이다. 필자의 무능 탓이리라.

이승훈의 시 〈암호〉에 나오는 한 구절로 마음을 전하련다.

존재는 끝끝내 몸부림 속에 있습니다

6년 전의 글을 보며 글쓴이가 한탄했다.

"어휴~, 그땐 왜 이렇게 글을 못 썼을까."

위로를 받으려 했건만, 이제 중학교에 들어간 아들놈이 아비 가슴에 대못을 박는다.

"지금은 잘 쓰고?"

와이프라는 사람은 옆에서 재미있다고 배를 잡고 웃는다.

"내 참, 이것들을 처자식이라고…."

그래도 이들 때문에 행복을 느끼며 산다. 고맙다.

2009년 4월 이철희

참모 십계명

1 무릇 모든 사람은 참모다. 참모가 리더십을 발휘해야 조직이 산다. 내 안에 잠자고 있는 참모 리더십을 깨우라. 주저하지 말고 마음껏 설치라.

2 참모는 종복從僕이 아니다. 알랑거리는 졸개가 아니다. 명심하라, 보스와 참모는 대등한 파트너다. 절대로 굽실거리지 말라. 추하다.

3 성패와 흥망은 참모의 몫이다. 자부심을 가지라. 미친 듯이 일하고, 후회 없이 승부하라. 그러나 진인사盡人事할 뿐 결과는 하늘에 맡기라.

4 노No라고 말하는 데 행여 머뭇거리거나 잠시 망설이지도 말라. 참모의 예스Yes는 때깔 고운 독약이다. 교언巧言과 영색令色은 잊으라.

5 보스보다 한 발 먼저 보고, 한 뼘 넓게 보고, 한 치 깊게 보라. 시킨 일만 하면 로봇이지 참모가 아니다.

6 권모술수, 변칙, 기책奇策보다는 기본과 정도正道에 충실하라. 그러나 상식과 통념에 무조건 따르지는 말라. '왜?'라고 묻고, 뒤집어 보라.

7 항상 지피知彼보다 지기知己에 더 유념하라. 남은 관대하게 대하고 넉넉하게 평가하라. 나는 차갑게 대하고 야박하게 사정査定하라.

8 권력이나 자리에 연연하지 말라. 일을 욕심내라. 업적을 탐하라. 권력은 50% 이상 쓰지 말라. 자리는 조금 낮게 취하라.

9 들 때와 날 때, 오고 갈 경우를 잘 분별하라. 좋은 일에는 한발 늦게 나서고, 나쁜 일에는 한발 늦게 물러서라. 양보하고, 희생하라.

10 매사 뜻대로, 매양 마음대로, 줄곧 계획대로 되는 것은 없다. 그것은 피할 수 없는 인간사의 한계다. 과정을 즐기라.

리더 십훈요

1 누구나 리더고, 누구나 참모다. 잘나서 리더, 못나서 참모라는 생각은 착각이다. 역할의 차이일 뿐이다.

2 리더의 성패는 곁에 어떤 참모를 두느냐에 달렸다. 참모는 부하가 아니라 성공의 파트너다. 참모를 심우心友로 공경하라.

3 리더는 듣는 사람이다. 많이 들으라. 경청, 그것은 지혜를 얻는 마법이다. 눌변은 개성이나, 난청은 질병이다.

4 노No라고 말하는 참모를 무조건 곁에 두라. 참모의 반대를 즐기라. 나의 생각을 벼리고 다듬는 계기로 여기라.

5 스태프 마인드staff mind를 가지라. 내가 참모라면 어떻게 할지를 계속 자문하고, 자답하라. 그래야 참모의 장난에 휘둘리지 않는다.

6 약간 과하게 보상하라. 행한 만큼 보상하면 고마움이 없다. 예상한 것보다 넘칠 때 감동이 따르기 마련이다. 마음을 얻게 된다.

7 충성은 배려에서 나온다. 받으려고만 하지 말라. 먼저 베풀라. 조직이든 연배年輩든 충성을 강요할 그 어떤 다른 명분은 없다.

8 나누라. 권한을 주고, 역할을 던지라. 독점은 기형을 낳고, 편향을 기르고, 실패를 초래한다. 나눔으로써 더 많이 얻고, 훨씬 좋아진다.

9 자만 바이러스에 감염되지 말라. 혼자 할 수 있다는 생각을 버리라. 오만과 아집은 패배와 망조의 전령이다.

10 리더는 멍청해야 한다. 똑똑하기만 하면 참모밖에 못한다. 누군가 채워주고 싶은 공백, 누군가에게 위로가 되는 여백이 있어야 리더다.

1권 차례

1 이학수 & 이건희

위기의 삼성을 슈퍼 재벌로 키운 재계 사상 최강의 참모

2 데이비드 액설로드 & 버락 오바마

미국 역사상 최초의 흑인 대통령을 만들어낸
현실적 이상주의자

3 장량 & 유방

날건달 유방을 한 제국의 황제로 만든 고금 최고의 전략가

4 루이 하우 & 프랭클린 루스벨트

이 땅에 아름다운 전설을 남기고 훌쩍 떠난 불세출의 소울 메이트

2권 차례

5 정도전 & 이성계

500년 조선 왕조를 디자인한 민족사 최강의 경세가

6 에드워드 하우스 & 우드로 윌슨

한 나라를 바꾸고 세계 질서를 재편한 위대한 파트너

역사상 가장 기묘하면서도 성과도 많았던 우정
하우스, 윌슨을 간택하다
후보가 된 윌슨, 기다렸다는 듯 표변하다
윌슨이 대중을 움직이면, 하우스는 개인을 설득한다
하우스의 아이디어가 윌슨에게 가서 현실이 됐다
윌슨 정부의 그림자 수상, 하우스
두 명의 여자로 인해 멈춰 선 개혁 열차
하우스, 천재적 영감으로 윌슨을 다시 승리하게 만들다
하우스와 윌슨의 '14개조 원칙'
참모가 참모의 한계를 벗어나고자 할 때
하우스의 참모 멘토링mentoring

7 순욱 & 조조

난세를 평정하고 천하 패권 구도를 설계한 능소능대의 명참모

『삼국지』 최고의 전략가는 순욱
천하 패자의 조건은 세勢 · 법法 · 술術
순욱, 조조를 천하의 패자로 밀어 올리다
순욱, 천자 옹위론을 제시하다
조조의 천자 옹위가 효과를 발하다
범을 몰아 이리를 삼키게 하다

간언하는 참모, 가납하는 보스
재주에다 지조까지 갖춘 순욱, 죽음을 택하다
순욱의 참모 멘토링mentoring

8 필립 굴드 & 토니 블레어

냉철한 분석으로 영국 노동당을
패배의 수렁에서 건져 올린 특급 애널리스트

변화에 익숙한 보수당, 변화에 인색한 노동당
내부의 적 좌파 · 노조와의 힘겨운 투쟁
당 현대화에 박차를 가하다
전환 없이는 팡파르도 없다
굴드, 미국 민주당의 선거운동을 배우러 가다
블레어가 이론가 브라운을 압도하다
'블레어 효과'를 선거 승리의 핵심 요소로
18년 만에 완벽한 승리를 일궈낸 굴드
굴드의 참모 멘토링mentoring

맺는 글 _ 참모 리더십이 조직의 성패를 좌우한다
참고 문헌

1

위기의 삼성을 슈퍼 재벌로 키운 재계 사상 최강의 참모

이학수 & 이건희

1997년 IMF 위기 앞에 삼성도 예외는 아니었다. 무너지느냐, 회생하느냐 하는 기로에 섰다. 고비를 못 넘기고 사라져간 기업이 어디 한둘이던가. 뜻밖에도 삼성은 그룹의 살림살이를 맡아온 재무통 이학수를 해결사로 내세웠다. 그는 대대적인 구조 조정으로 삼성의 위기를 잘 극복해냈다. 일본의 자존심 소니를 앞질렀다. 삼성을 재벌 중의 재벌, '슈퍼 재벌'로 키워냈다.

삼성의 확실한 2인자, 재계 사상 최강의 참모

이명박은 과거 이른바 샐러리맨의 우상으로 불렸다. 그를 모델로 한 드라마가 만들어지기도 했다. 〈야망의 세월〉이란 드라마에서 배우 유인촌이 이명박을 연기했다. 덕분에 이명박의 놀라운 성공은 우상을 넘어 신화가 됐다. 성공은 이명박의 페르소나persona, 신화는 이명박의 트레이드마크가 됐다. 한번 자리 잡은 생각이나 이미지는 좀처럼 바뀌지 않는다. 이명박은 그래서 국회의원이 되고, 서울 시장이 되고, 대통령이 됐다. 유인촌은 장관이 됐다.

또 다른 성공 신화가 있다. 그에 비하면 이명박의 성공 드라마는 조족지혈이다. 백열등 아래 반디에 불과하다. 그 정도로 엄청나고 대단한 샐러리맨 신화다. 바로 이학수李鶴洙가 당사자다. 오너가 아닌 사람으로서 성공한 정도나 그가 행사한 권력, 이룩한 업적에 비춰보면 아마 이학수가 대한민국 역사상 가장 출세한 사람이다. 단군 이래 이 땅에서 가장 큰 기업이 삼성이다. 그 삼성에서 그는 비견될 만한 사람이 없는 확실한 2인자였다. 그는 재계 사상 최강의 참모였다.

이학수는 이건희李健熙의 참모였다. 그는 이건희를 도와 그런대로 잘나가던 삼성을 족탈불급足脫不及의 1등 삼성으로 탈바꿈시켰다. 1988년 4월 삼성은 자산 기준으로 재계 4위였다. 당시 삼성은 30대 재벌 자산의 10.2%, 자본 총액은 8.9%에 불과했다. 이제 삼성은 10대 그룹 내에서 1/3에 달하는 매출 비중과 순이익 비중, 국가 전체 수출의 1/5을 넘는 수출 기여도, 8~10%에 이르는 세수 비중, 1/4에 가까운 시가총액을 차지하고 있다. 삼성은 재벌 중의 재벌이 됐다. '삼성 공화국'이란 말이 나올 정도로 가공할 권력이 됐다. '삼성이 잘나가면 국민이 행복해진다', '삼성이 하면 뭐가 달라도 다르다'는 고정관념도 생겨났다. 많은 사람의 뇌리 속에 삼성은 옳고 그름을 넘어서는 존재로 자리 잡고 있다.

참모 이학수는 보스 이건희를 재계의 명실상부한 1인자로 만들었다. 정주영이 죽고 김우중이 망가진 다음, 오직 이건희만이 독보적인 경제 리더의 위상을 누렸다. 여론조사를 해보면, 그가 언제나 국민이 가장 존경하는 CEO로 뽑혔다. 미국의 경제 주간지 『뉴스위크』는 이건희를 '한국 경제 현안에 절대적 영향력을 미치는 경제 대통령'으로 표현했다. 명실공히 이건희 시대였다. 그것의 디자이너designer, 아키텍트architect가 이학수다. 이학수와 이건희의 관계는 김춘수의 시 〈꽃〉을 생각나게 한다.

내가 그의 이름을 불러주기 전에는
그는 다만
하나의 몸짓에 지나지 않았다.

내가 그의 이름을 불러주었을 때
그는 나에게로 와서
꽃이 되었다.

내가 그의 이름을 불러준 것처럼
나의 이 빛깔과 향기에 알맞은
누가 나의 이름을 불러다오.
그에게로 가서 나도
그의 꽃이 되고 싶다.

우리들은 모두
무엇이 되고 싶다.
너는 나에게 나는 너에게
잊혀지지 않는 하나의 눈짓이 되고 싶다.

이학수는 이건희 회장 일가의 재산 관리뿐 아니라 연간 수조 원에 이르는 그룹의 투자 계획, 주요 사장단 인사를 좌지우지했다. 삼성을 둘러싼 온갖 불법 · 편법 의혹에도 예외 없이 그가 등장했다. 삼성의 세금 없는 소유 · 경영권 세습, 비자금 조성 및 정 · 관계 로비 의혹에서도 그가 총감독으로 지목됐다. 그는 이건희의 분신 · 오른팔 · 그림자 · 브레인 · 복심, 삼성의 컨트롤 타워 · 철벽 수비수 · 지킴이 · 종합 사령탑, 무대 뒤의 핵심 등으로 불렸다. 모두 그의 막강한 힘을 상징한다. 오너가 전일적 지배권을 행사하는 것이 한국의 기업 풍토다. 이런 풍토에서 월급 받는 피고용인으로서 이학수가 누린 힘은 극히 예외적이다. 전례도 없고, 아마 후례後例도 있기 어려울 것이다.

이학수는 어떤 사람인가.

1946년 경남 밀양에서 출생했다. 마산에서 중학교를 졸업했다. 하얀 피부에 곱상한 외모다. 예쁜 쌍꺼풀이 있는 참한 얼굴이지만 풍기는 아우라는 냉철함이다. 심리학자 칼 융이 아니마anima와 아니무스animus를 이야기했다. 남성 속의 여성성이 아니마고, 여성 속의 남성성이 아니무스다. 이학수의 얼굴이나 분위기는 아니마가 진하게 느껴지는 모습이다. 대개 전략적인 마인드가 강한 사람일수록 여성성이 강하다. 차가움도 여성성의 발현이다.

> "이학수는 겉보기엔 매섭고 차가운 사람으로 보이지만, 실제로는 유머 감각도 있고 솔직한 사람이라는 게 주위의 평이다. 2006년 6월 모친이 92세의 나이로 돌아가실 때까지 같은 집에 모시고 살 정도로 효성이 지극하고, 어지간한 선수의 타율이나 방어율을 줄줄 욀 정도로 프로야구를 좋아한다."

어느 언론의 평가다. 효도했다는 것 자체는 자식의 도리를 다한 것이라 그만의 장점이라고 할 수 없다. 그러나 부모 속에는 부처가 들어 있고 자식 속에는 앙칼이 들어 있다고 하지 않나. 또 아무리 친한 부모 자식 사이라도 말 못할 게 있고, 불편함도 있기 마련이다. 그런 점에서 노모를 모시고 살았다는 것은 그가 편리보다 자기 원칙을 지키려고 애쓰는 사람이란 사실을 말해준다. 흔히 야구는 통계의 스포츠라고 한다. 통계는 세상을 읽는 과학이다. "여러분이 거론하고 있는 것을 계측할 수 있고 숫자로 표시할 수 있을 때라야 그에 관해 뭔가를 알고 있다고 나는 말한다. 그것을 계측할 수 없을 때, 그리하여 그것을 숫자로 표시할 수 없을 때 여러분의 지식은 빈약하고 만족스럽지 못한 것이라고 할 수 있다." 윌리엄 톰슨 켈빈 경의 말이다. 통계적으로 사고하고, 통계의 시각으로 사물을 보는 것은 주관으로 객관을 재단하지 않는다는 것이다. 이학수는 꼼꼼한 통계를 바탕으로 게임을 운영하는 야구 감독 스타일이다.

이학수의 이력이나 역할은 기본적인 것 외에 거의 알려진 것이 없다. 이력만 봐서는 그가 왜 위대한 2인자인지, 참모 리더십을 발휘했는지 알 수 없다. 하드 데이터는 소프트 데이터와 함께 읽어야 그 숨겨진 의미가 드러난다. 몇 가지 사실을 상기해보자. 1997년에 IMF가 있었고, 그땐 삼성을 포함해 모든 기업이 절대 위기에 처해 있었다. 그 IMF를 거친 후에 삼성의 독주가 시작됐다. 그때 그가 구조조정 본부장이었다. 2002년 삼성전자가 시가총액으로 일본의 소니를 앞질렀는데, 이때에도 그가 그룹의 실질적인 사령탑 역할을 했다. 결국 그의 이력이 말해주는 것은 그가 삼성의 비약적 상승을 주도했다는 사실이다.

1965년 부산상고 졸업
1969년 고려대 상대 졸업
1971년 고려대 경영대학원 수료
1971년 제일모직 입사
1979년 제일모직 부장
1982년 삼성 회장비서실 운영1팀장
1985년 삼성 회장비서실 이사
1987년 삼성 회장비서실 상무
1990년 삼성 회장비서실 전무
1992년 삼성 회장비서실 부사장
1994년 삼성화재 대표이사 부사장
1996년 1월 삼성화재 사장(승진)
1996년 8월 삼성 회장비서실 차장(사장급)
1997년 삼성 회장비서실장
1998년 4월 삼성 구조조정본부장
※ 비서실이 구조조정본부로 개편
2004년 삼성 구조조정본부 부회장(승진)
2006년 3월 삼성 전략기획실장
※ 구조조정본부가 전략기획실로 개편

이학수와 4살 연상의 이건희가 만나고, 가까워진 것은 사실 남다른 인연이 아니었다. 이학수는 삼성의 인재 사관학교라는 제일모직의 재무 파트에서 발군의 능력을 발휘했다. 그 덕분에 1982년 이병철 회장 비서실에 발탁됐다. 이학수와 이건희는 자연스레 알게 됐고, 차츰 교분을 쌓아나갔다. 이학수는 비서실에서 돈줄을 관리하는 재무통이었다. 기업에서 돈은 사람에게 피와 같다. 부득불 그룹의 사정을 속속들이 알게 된다. 이병철에서 이건희로 경영권이 이양되는 과정에서 재무의 역할은 중요할 수밖에 없었다. 이런 점을 헤아리면 둘은 자주 접촉하고 긴밀히 협력해야만 했다. 교류 속에서 우정이 싹트고, 서로에 대한 신뢰가 깊어졌다. 척하면 삼척 응하면 응감이라 이심전심하고, 심심상인心心相印하는 파트너가 됐다.

그러나 그때까지 그는 기껏해야 측근 참모 정도였다. 제한된 역할을 하는 복심이었다. 이건희가 이학수에게서 총체적 2인자로서 활용하면 좋을 정도의 능력을 발견하게 되는 것은 1996년부터 1997년 IMF를 거치면서였다.

위기의 삼성, 이학수가 해결사로 나서다

1993년 6월 이건희 회장이 삼성전자 디자인 고문

인 후쿠다福田繁雄를 비롯해 서너 명의 일본인 고문과 머리를 맞댔다. "그동안 삼성전자에 대해 보고 느낀 점을 허심탄회하게 얘기해보세요." 고문들의 입을 통해 삼성전자의 문제점들이 적나라하게 드러났다. 저녁 6시에 시작된 회의는 다음날 새벽 5시가 돼서야 끝났다.

그날 이 회장은 독일 프랑크푸르트로 가기 위해 일본을 떠나야 했다. 공항으로 향하려던 그에게 비서실이 제작한 비디오테이프 한 개가 전달됐다. 삼성전자의 세탁기 조립 과정을 담은 30분짜리 영상물이었다. 호텔에서 여장을 풀자마자 이 회장은 테이프부터 틀었다. 테이프에 담긴 내용은 충격적이었다. 테이프에는 세탁기 제조 과정에서 불량품이 양산되는 실태가 적나라하게 담겨 있었다. 이 회장은 곧바로 서울 비서실의 이학수에게 전화를 걸었다. "지금부터 내 말을 녹음하시오." 호통과 함께 이 회장의 말이 이어졌다.

> "내가 수년간 질質 경영을 그렇게 강조했는데도 변한 게 고작 이겁니까. 사장들과 임원들 전부 프랑크푸르트로 집합시키시오. 이제부터 내가 직접 나섭니다."

이건희 회장은 진심으로 진노했다. 도대체 이해가 되지 않았다. 불면증에 시달리고, 체중이 10kg 이상 빠지는 위기감 속에서 그렇게 변화를 외쳤건만 바뀐 건 아무것도 없었다. 비통했다.

> "나는 속았다. 비서실장 · 사장 · 팀장들이 모두 날 속였다. 집안에 병균이 들어왔는데도 5년, 10년간 나를 속였다. 측근들이 이 정도이니 중역들은 어느 정도겠는가."

6월 7일 프랑크푸르트 회의에서 이 회장은 신新경영을 제창했다. 마누라와 자식만 빼놓고 다 바꾸자! 통쾌한 일갈이었다. 한 기업 차원을 넘어 시대적 화두가 됐다. 이 선언을 기점으로 이건희 개혁 드라이브가 본격 시작됐다. 시의時宜에 따른 충격, 적절한 일대 변화였다. 역시 지도자란 때를 알고, 흐름을 바꾸는 사람인 모양이다.

노심勞心하면 기미가 보인다. 초사焦思하면 징후가 느껴지기 마련이다. 1995년 무렵부터 이 회장은 자주 위기감을 표출했다. "2000년이 오기 전에 뭔가가 있을 것 같다." 거품이란 단어를 입에 올리기 시작했다. 심상尋常은 고대 중국의 길이를 나타내는 단위다. 심尋은 여덟 자 길이를, 상常은 열여섯 자를 뜻한다. 우후죽순처럼 많은 나라가 각축한 중국의 춘추전국시대에 제후들은 심상의 땅을 가지고 다퉜다. 평수로 따지면 한 평 남짓한 땅을 빼앗으려고 싸웠다는 뜻이다. 이렇듯 심상은 짧은 길이를 가리키는 말이었다. 이것이 곧 작고 보잘것 없는 것을 가리키는 말로 쓰이면서 '심상치 않다'라는 말이 생겨났다. '작은 일이 아니다', '대수롭지 않게 여길 일이 아니다'라는 뜻을 담게 됐다. 심상치 않은 불안감을 느낀 이 회장이 택한 해법은 사람이었다. 경영 일선에 나가 있던 이학수를 비서실로 불러들였다.

왜 이학수였나?

1994년 이학수는 삼성화재 대표이사로 나갔다. 여기서 그는 조직을 뒤집어엎고 분위기를 일신하는 등 뛰어난 개혁과 혁신 역량을 보여주었다. 이런 것들이 이건희에게 깊은 인상을 남겼다. 검증된 재무통이 경영 능력, 리더십까지 보여준 셈이었다. 이것이 이건희가 이학수를 1996년 8월에 외부 여건이 어려워질 것에 대비해 자신의 곁으로 불러들인 이유였다. 1996년 8월 비서실 차장에 임명했다. 연말에 비서실장으로 승진시켰다. 이학수는 "폭넓은 시야와 균형 감각을 갖고 있으면서 사심이 없는 사람"이라는 게 이 회장의 평가다. 종합하면, 이학수는 재무를 알고, 경영 능력도 있고, 사심에서 자유롭고, 전체를 조망할 줄 아는 사람이었다. 이 회장은 그런 그에게 그룹의 내부 살림과 고수익 위주의 내실 경영을 진두지휘하는 역할, 삼성 개혁의 조타操舵 임무를 맡겼다. 과연 성공했을까?

이건희가 선택한 이학수 해법은 결과적으로 멋지게 들어맞았다. 사람 때문에 흥하고, 사람 때문에 망한다. 사람은 하늘을 이긴다人定勝天는 속담까지 있다. 무릇 사람이 하는 일에는 사람이 제일 중요하다. 일의 성패, 지도자의 공과는 곁에 어떤 사람을 두느냐에 달려 있다. "측근에 어떤 사람을 고르느냐 하는 것은 지도자로서의 능력을 측정하는 좋은 기준이 된다." 마키아벨리의 말이다.

머피의 법칙처럼 이 회장의 불안은 결국 현실이 됐다. 1997년 11월 21일 대한민국 정부는 IMF 체제로 간다고 발표했다. 한국전쟁 후 최악의 국가 위기였다. 멍청한 국가 지도자와 윤똑똑이 관료가 저지른 인재人災였다. 온 나라가 야단법석이었다. 길거리엔 노숙자가 즐비하고, 무수히 많은 기업이 줄줄이 도산했다. 거대한 쓰나미처럼 위기는 모든 기업에게 예외 없이 들이닥쳤다. 존망지추存亡之秋, 삼성에도 비상이 걸렸다. 이때에 대한 이학수의 회고다.

"IMF 위기 때입니다. 부채 비율이 360%가 넘었으니…. 당시 삼성에게는 '생존'과 '미래의 성장' 두 고민거리가 동시에 닥쳤습니다. 당시 비서실이 총동원돼 그룹 전체를 분석했어요. '버려야 할 사업'과 '당장은 이익이 나도 미래 이익이 안 날 사업', '당장 이익이 안 나도 미래 유망 사업'을 하나하나 가렸어요. 이어 구조 조정 계획을 실행했는데, 이게 삼성 발전의 계기가 됐어요."

삼성은 대규모 구조 조정에 나섰다. 비서실은 없어졌다. 대신 구조조정본부가 신설됐다. 본부장은 이학수였다. 이건희가 위기를 헤쳐나갈 조타수로 이학수를 이미 선택해놓은 터였기에, 그를 전면에 내세운 것은 당연한 순서였다. 이학수는 구조 조정을 앞에서 지휘하고, 뒤에서 독려했다. 이 회장은 전자와 금융업을 제외하고는 어떤 회사를 처분해도 좋다며 전권을 위임했다. 65개에 달하던 계열사를 45개로 줄였다. 총 236개 사업을 정리했다. 분사와 매각을 통해 5만 2천여 명, 35%에 달하는 인력을 생력화省力化했다. 이처럼 뼈를 깎는 구조 조정을 단행해 삼성은 위기에서 탈출했다. 절체절명의 위기 순간에 이학수를 해결사로 내세운 이 회장의 선택은 최선의 선택인 것으로 판명됐다.

마음을 읽는 비결

이학수는 어떻게 이건희의 마음을 얻었을까. 이건희는 말이 없는 사람이다. 원체 말이 없으니 아무도 이건희를 모른다는 세평이 나올 정도였다. "나는 이건희라는 사람을 잘 모른다." 그를 30년 넘게 지켜본 삼성생명의 이수빈 회장조차 그 진면목을 20%도 모르겠다고 했으니 오죽하랴. 얼굴은 마음의 초상화이고, 눈은 마음의 명세서라고 했다. 말은 마음의 거울이요, 생각의 옷걸이다. 그러니 말이 없으면 소통이나 감응도 그만큼 힘들기 마련이다. 이학수의 고백이다.

"선대 회장(이병철)이 나를 찾으면 왜 찾는지, 뭘 물어볼 건지, 뭣 때문에 야단칠 건지 대강 짐작할 수 있었다. 그런데 이건희 회장이 나를 찾는다고 하면 왜 부르는 건지 감을 못 잡는다. 무슨 얘기를 꺼낼지 예측불허이기 때문이다."

보스 이건희는 늘 생각에 빠져 있었다. 내향적이며, 수줍어하는 성격을 갖고 있는 은둔과 칩거의 총수였다. 이학수는 결정과 결단을 좋아하고, 목표 달성을 즐기는 성격이었다. 서로를 보완해주는 1인자와 2인자의 이런 만남이 천생연분이다. 마치 마이크로소프트의 빌 게이츠와 스티브 발머가 이룬 조합과 비슷하다. 게이츠가 마이크로소프트의 두뇌라면, 발머는 마이크로소프트의 심장이다. 게이츠가 기술자, 전략가, 총사령관이라면, 발머는 사업가, 모사, 야전 사령관이다. 게이츠는 대차대조표형이고, 발머는 손익계산서형이다. 모름지기 보스와 참모는 능력을 떠나 아귀가 맞아야 하는 법이다.

1995년 삼성가家의 재산 분할이 완료됐다. 이병철 회장의 자제들이 미국 LA에서 모였다. 재산을 나누기 위한 자리였다. 물욕物慾은 혈육의 정도 뒷전이다. 재산을 나눌 때에는 가장 점잖은 사람들도 싸운다고 하지 않나. 그러나 용케 타협이 이뤄졌다. 신세계 그룹과 제일제당 그룹이 삼성에서 완전히 분리됐다. 이건희 회장은 삼성전자와 물산, 엔지니어링, 중공업, 항공, 카드, 호텔신라 등 23개 계열사를 장악하게 됐다. 최후의 대협상이라 불린 이 자리에 배석한 사람이 이학수였다. 당시 그는 삼성화재 부사장이었다. 비서실 소속이 아니었다. 그런 그가 그 자리에 배석한 것은 이건희 회장이 가장 예민한 문제에까지 이학수의 조언을 들었다는 것이다. 신뢰의 깊이를 보여주는 증거다. 이학수는 이건희의 심중을 꿰뚫어보는 그의 분신이었다.

그렇다면 이학수는 어떻게 이건희의 속내를 읽어낼 수 있었을까. 해답은 의외로 간단하다. 역지사지易地思之다. 그 사람의 입장에서 생각해보는 것이다. "어떤 결정을 내리거나 실행하기 전에 한 번만 더 상대방 입장에서 생각해보면 실수도 줄이고, 아무리 나쁜 상황에서도 상대방 마음을 덜 상하게 할 수 있어요." 이학수의 말이다. 역지사지는 모든 전략적 사고의 기본 전제다. 그는 '내가 이건희라면 어떻게 할까'라는 질문을 단 일 초도 잊지 않았다. '내가 이건희라면 어떤 조언이 필요할까'라는 관점을 평생 유지했다. 역지사지가 주는 메시지는 또 있다. 다른 시좌視座에서 검토해보는 것이다. 지금 내 생각이 과연 옳은지는 다른 시각으로 계속 검증해야 한다. 햇빛과 바람으로 곡식이 여물듯이, 반문과 회의로 생각이 튼실해진다.

다른 하나의 해답은 성실이다. 성공의 충분조건은 아니지만 필요조건이라 할 수 있는 것이 성실이다. 이학수는 열심히 일하고, 열심히 생각했다. 치열하게 고민하고, 지독하게 판단하고, 부지런히 챙겼다. 독서백편의자현讀書百遍義自見이라는 말이 있다. 뜻이 어려운 글도 자꾸 되풀이해 읽으면, 그 뜻을 스스로 깨우쳐 알게 된다는 말이다. 책 읽기만이 아니다. 일이라는 것도 처음엔 혼란스럽고 막연해도 물러서지 않고 맞서야 한다. 생각하고 또 생각하게 되면 끝내 그 요체가 파악되기 마련이다. 허위단심으로 곰파고 다림 보면 통찰하게 되는 것은 당연하다. 그래서 헨리 포드도 '생각은 어려운 일이라서 생각하는 사람이 매우 드물다'고 했던 것이다.

"일을 어정쩡하게 하면 끝장나는 겁니다. 말도 어

정쩡하게 하고 선행도 어정쩡하게 하는 것, 세상이 이 모양 이 꼴이 된 건 다 그 어정쩡한 것 때문입니다. 할 때는 화끈하게 하는 겁니다. 못 하나 박을 때마다 우리는 승리해나가는 겁니다. 하느님은 악마 대장보다 반거충이 악마를 더 미워하십니다!"

니코스 카잔차키스의 『그리스인 조르바』에 나오는 한 꼭지다. 일은 야물게 해야 한다. 이학수는 어영부영하지 않고 처음부터 끝까지 철저했다. 입이 여물고, 손이 매운 사람이 일도 잘한다. 우리말에 '하리 들다'라는 표현이 있다. 일이 되어가는 중간에 방해가 생기는 것이다. '가탈'이란 말도 있다. 일이 순조롭게 나아가는 것을 방해하는 조건이다. 왜 이런 말들이 있으랴. 현상이 있으니 말이 생긴 것이다. 흔히 시작이 반이라고 중시하지만 일은 틀어지기 쉬운 중간에 주의해야 한다. 잘 나가다가도 어물어물 흐트러지기 쉽다. 그러니 마무리까지 철저해야 한다. 채비도 잘해야 하지만 일의 끝을 단단히 단속해 마무리하는 매조지도 잘해야 한다. 이학수는 빈틈없이 야무진 사람, 즉 모도리였다.

1993년 신경영을 선언한 이후 이 회장은 기획 전문가들을 중용했다. 과학 기술자들을 적극적으로 영입했다. 새로운 사업을 모색하기 위해서였다. 이들의 주도로 삼성은 1995년 자동차 산업에도 진출했다. 그러나 불행하게도 2년 뒤 IMF 위기가 터졌다. 삼성자동차 사업은 기대와 달리 참담하게 실패했다. 기울인 노력에 비하면 결과가 참 허망했다. 부채만 4조 3천억 원에 이르렀다. 모험과 도전을 강조하던 분위기가 바뀌었다. 잘나가던 기획 전문가들이 대거 퇴진했다. 안정 중시의 사회 분위기와 맞물려 삼성 내에서도 재무 전문가 출신의 관리 인맥이 중용됐다. 그 대표적 인물이 이학수였다.

자동차 사업은 누군가 결단해야 할 상황이었다. 결단을 미루는 것이야말로 최악의 결단이다. 결단 때문에 감당해야 할 아픔에 약해져서는 안 된다. 어차피 결단은 시기적절하게 잔인성을 발휘하는 기술이다. 누군가 그 기술을 발휘해야 다수의 희생을 줄일 수 있다. 이학수가 삼성자동차 사업에서 결단을 내리는 작업마저 떠맡았다. 먼저 대우와의 빅딜을 추진했으나 여의치 않자 곧바로 포기했다. 대신 법정관리를 선택했다. 1999년 6월이었다. 그러자 여기저기서 삼성 불패의 이미지만은 지켜야 한다는 목소리가 터져 나왔다. 이학수는 이 회장에게 법정관리의 불가피성을 설득했다. 고집스럽지 않은 사람은 결코 착한 사람이 될 수 없다고 했던가. 이 회장은 이학수의 조언을 받아들였다. 결국 자동차는 2000년 4월 프랑스 르노 자동차에 매각됐다. 이 회장은 그 책임을 지고 2조 8천억 원의 사재(삼성생명 주식)를 내놓았다. 이것도 이학수의 아이디어였다. 이학수의 반추다.

> "IMF 직후 자동차 사업을 청산할 때 얘기입니다. 당시 이수빈 회장이 그룹 사장단운영위원장 겸 구조조정위원장이었어요. 내가 청산 얘기를 했더니 이수빈 회장이 '청산은 회장 보고 돈 좀 내놓으라는 뜻인데 어떻게 얘기하느냐'고 난감해해요. 그래서 '내가 보고드리겠다' 하고 회장께 말씀드렸어요. '여론은 청산하더라도 삼성에게 금융 부채 상환을 요구할 것'이라고 말입니다. 그때 이렇게 답하시더군요. '(그 요구에 부응하기 위해 내가) 내놓을 게 있다면 내놓아라…'라고 말이지요. 삼성생명 주식 4백만 주를 내놓은 과정이 이렇습니다. 그 결정에 채 30분도 안 걸렸어요."

이후 삼성의 질주는 거침이 없었다. 쾌속 항진! 1938년 창업한 후 1998년까지 60년 동안 삼성이 낸 이익보다 이학수가 구조조정본부장이 된 1999년부터 5년간 낸 수익이 여섯 배 정도 많았다. 이학수가 위기의 삼성을 살려낸 것이다. 이때부터 이학수는 경영 지휘권을 가진 2인자가 됐다. 현대가 가신들의 난으로 곤두박질 친 것과 비교해보면, 이학수의 존재는 삼성에 큰 축복이었다.

이학수는 대북對北 사업에도 관여했다. 1998년 사상 처음으로 정권이 교체되고, 신정권은 햇볕정책을 추진했다. 대북 화해 모드가 조성됐다. 정부는 기업들에 대북 투자를 권유했다. 북한도 적극적이었다. 삼성도 대북 투자에 무관심할 수 없었다. 잘만 되면 나쁘지 않을 사업이었다. 그런데 삼성과 북한의 생각이 서로 달랐다. 삼성은 10년간 5억 달러를 투자할 계획이었다. 북한은 5년간 10억 달러를 원했다. 북한에 50만 평(약 165만㎡) 규모의 전자 단지를 건설하기 위한 협상이 진행됐다. 그러던 어느 날 이학수는 대북 사업 검토를 전면 중단시켰다. 현대그룹은 대북 사업에 사운을 걸다시피 했다. 처음엔 잘 풀려나갔다. 하지만 나중에는 정몽헌 회장이 자살하는 사태까지 벌어지고 말았다. 2009년 현재 대북 사업은 계속 위축되고 있다. 이런 점을 반면교사로 삼으면,

이학수의 결정은 적절한 것이었다. 더 길게 보면 대북 투자가 필요하겠지만, 단기적으로 보면 삼성의 선택이 적절했다고 볼 수밖에 없다.

참모이나 참모의 영역을 넘어선 사람

이학수는 통상적인 참모의 롤모델role model을 넘어선 사람이었다. 이학수 본인도 참모라는 호칭을 별로 좋아하지 않았다. 스스로는 '이건희 회장의 아이디어를 실행하는 현장 사령관'이라고 한다. 그러나 이학수가 이건희의 참모인 것은 그의 근본적 정체성이었다. 참모가 기획하면 리더가 결정하는 것이 전형이다. 참모의 키워드가 선택 대안option이라면, 리더의 키워드는 결정decision이다. 그런데 이학수는 기획도 하고, 결정도 했다. 그는 필드 지향이 강한 캐릭터였다. 그의 말이다.

"저 보고 참모, 참모 하는데 실제론 안 그런데…. 저는 원래 라인line 쪽에 더 맞는 사람이었어요. 제일모직 관리부장(경리 · 자금 · 관리 총괄) 때였어요. 대학

은사 한 분이 판매부 초청으로 강연을 왔다가 당시 이수빈 사장에게 제 근황을 물었답니다. '이모某 부장이 내 제자인데 뭐하지요?'라고. 사장이 '관리부장'이라고 답하니 즉각 '거참 이상하네…. 그 친구 영업부장 할 친구인데, 왜 관리부장을 하지요?' 라고 고개를 갸웃거리시더랍니다. 이건희 회장께서도 '이학수 팀장이 재무팀장인데, (아무리 봐도) 재무 출신이 아닌 것 같다'고 주변에 말한 적이 있답니다."

그가 이끌어온 전략기획실에 대해서도 참모 조직만은 아니라고 한다. 다시 그의 주장이다.

"세간에 참모 조직이라고 얘기하는데 100% 참모 조직은 아닙니다. 다국적 기업을 예로 들면 전략기획실은 '다국적 기업의 본사 기능'에 가깝다고 할 수 있어요. 이건희 회장은 (잭 웰치처럼) 전체 CEO이고, 저는 해외 조직이 아닌 본사 조직의 CEO라는 의미입니다."

이학수의 스타일은 뒤에서 소곤소곤 조언하는 수동적 참모형이 아니다. 능동적으로 개입하는 스타일이다. 형용모순일 수 있지만 굳이 표현하자면, CEO

형 참모다. 이학수의 이런 역할은 두 가지 사실에서 비롯된 것이다. 하나는 이학수의 개인 스타일이고, 다른 하나는 이건희 회장의 스타일이다. 먼저 이건희의 스타일이다.

> "이건희 회장이 가장 좋아하는 영화는 찰턴 헤스턴이 주연한 〈벤허〉다. 그는 〈벤허〉를 수십 번 감상했다. 처음에는 줄거리 위주로, 다음은 배역 위주로, 또 다음은 무대 조명 위주로, 볼 때마다 관점을 달리했다. 그렇다면 이 회장이 영화 〈벤허〉에서 얻은 경영 철학은 무엇일까? 바로 자율 경영이다. 실제로 그는 사장단에게 이것을 늘 강조해왔다. 영화 속 벤허와 멧살라의 말을 모는 스타일은 전혀 다르다. 멧살라는 채찍으로 말을 강하게 후려치는 반면, 벤허는 채찍 없이 달린다. 결국 승자는 벤허다."

아버지 이병철은 아들 이건희 회장에게 중요한 어드바이스를 남겼다. 바로 목계木鷄의 교훈이다. 『장자』「달생」편에 나오는 이야기다.

> 제齊나라의 선왕宣王은 닭싸움을 좋아했다. 싸움닭을 잘 훈련시키는 기성자紀誠子라는 사람을 시켜 닭

한 마리를 훈련시키게 했다. 열흘이 지나자 왕이 조바심을 내어 기성자에게 물었다.

"닭의 훈련이 많이 됐나?"

"아직 경적輕敵입니다. 자기 힘만 믿고, 상대를 우습게 알고 마구 덤벼들려고 합니다. 많이 모자랍니다."

다시 열흘이 지나고, 닭싸움이 보고 싶어진 왕이 재촉했다.

"이제 훈련이 충분한가?"

기성자가 대답했다.

"지금은 맹공猛攻입니다. 상대가 어떤지도 모르고 자기 힘만 믿고 맹렬히 공격하려 합니다. 아직 부족합니다."

다시 열흘이 지난 뒤 왕이 다시 채근했다.

"지금쯤이면 훈련이 다 됐겠지?"

"예, 목계木鷄입니다. 나무로 만든 닭과 같습니다. 아무리 상대가 공격을 하려고 해도 침착하고 냉정하며, 적을 노려보면서 상대의 허점을 찾아 공격하려고 합니다. 이 기세에 눌린 상대 닭이 함부로 덤벼들지 못하고 도망을 갑니다. 비로소 진정한 싸움닭이 됐습니다."

이건희는 목계의 위엄과 묘리를 깨닫고 이를 자율경영으로 표현했다. 싸우지 않고 이기는 것이 최고다. 엄벙덤벙 덤벼들지 말고, 만기친람萬機親覽하지 말라. 목계의 교훈은 그것을 말해주는 것이다. 그렇다고 이건희가 세세한 것을 멀리하고 폼만 잡는 스타일인 것도 아니다. 이건희는 말한다. "우리는 사소한 것을 따지고 기록하는 것에 대해 쩨쩨하다고 생각하는 실속 없는 '대범증大汎症'부터 고쳐야 한다. 이런 허세가 대충대충 마무리하는 타성으로 이어져 우리 제품, 우리 사회의 기본을 흔든다." 이건희는 믿고 맡기는 스타일이었다. 이학수의 말이다.

"일반인의 잣대로 보면 우리 회장의 캐릭터를 잘 이해할 수 없을 거예요. 재산 얘기가 나왔으니 말인데, 이병철 회장 때는 비서실 재무팀장이 매달 재산 상황을 보고했습니다. 그런데 이건희 회장이 취임한 후에는 6개월에 한 번씩 하라고 했어요. 그러더니 얼마 후엔 1년에 한 번씩 하라고 했습니다. 요즘은 1년에 한 번도 하지를 못해요. 지금이 벌써 2004년 5월인데 아직 2002년 상황도 보고하지 못했습니다. 연초에 해외에 나가서 몇 달씩 머무르실 때가 많거든요. 회장 생각은 '내 재산이야 삼성전자 주가가 올라가면 늘고 내려가면 주는 건데 그게 무슨 큰 의미가 있냐. 지분율이나 좀 오르내리고 뭘 사고파는 것도 뻔한데, 그런 것 시시콜콜 보고할 것 없다'는 식입니다. 그러고는 통장이며 인감도장 다 우리한테 맡겨놓고 삽니다. 외환 위기 무렵에는 회장 몰래 회장 재산으로 계열사에 4조 원쯤 보증을 섰다가 가슴을 졸인 적도 있어요. 이건희 회장은 제가 재무팀장일 때 회장에 취임했는데, 처음엔 저도 '어디에 축의금 내실 일이 있습니다', '회장님 이름으로 임원들에게 격려금 좀 주시는 게 좋겠습니다' 하면서 일일이 보고를 했어요. 이 회장은 그럴 때마다 '알았다'고만 했어요. 그러더니 언젠가는 '그런 걸 왜 자꾸 얘기하느냐. 당신이 좀 알아서 하라'고 하더군요. 그렇게 된 지가 벌써 수년이 됐습니다."

이학수는 행여 늦을세라 쫄레쫄레 뒤따라 다니는 그림자형 참모가 아니었다. 의사 결정을 즐기는 리더, 경영 일선에서 진두지휘하는 필드 마셜field marshal이었다. 그가 1995년 삼성화재 사장을 맡았을 때 손보업체 4곳이 도토리 키 재기 식으로 경쟁하고 있었다. 이학수가 선언했다. "3년 만에 30% 시장점유율로 업계 1위를 하겠다." 뭘 모르는 놈의 호언장담으로 들렸다. 이학수는 영업 시스템 등 모든 것을 뜯어 고쳤다. 업무를 재조정하고, 인력을 재배치했다. "일반 보험 영업을 위해 전담 부서를 신설하기도 했고, 지방 영업을 활성화하기 위해 전국 지역 본부에 법인 영업, 교육, 업무팀을 설치하기도 했다. 당시 전국 읍 단위 666곳에 무료 긴급 서비스망을 구축했는가 하면, 필요에 따라 외부 인력을 대거 영입하기도 했다." 1997년 비서실로 다시 발령 나는 바람에 '3년 내 30%'라는 목표를 달성하진 못했지만, 21%였던 시장점유율을 27%까지 끌어올렸다. 그의 혁신 작업은 삼성화재가 결국 30%에 가까운 시장점유율을 달성하는 기반이 됐다.

아버지의 조언,
'사람은 항상 준비를 해야 하는 기라'

이학수의 성공은 철저한 준비에 있다. "자기주장이 없으면 어려움에 처하고 준비하지 않으면 실패한다." 관자管子의 말이다. 준비된 상태가 곧 성공에 가까이 가는 비결이다. 내일 준비하겠다는 것은 거짓말이다. 내일을 살 수는 없다. 오늘을 살 뿐이다. 오늘 준비가 안 된 자는 내일은 더욱 더 안 돼 있을 것이다. 지금 당장 준비해야 한다. "연기延期하지 말라. 그것은 준비된 사람들에게 언제나 치명적이다." 로마의 시인 루카누스의 충고다. 에머슨의 시, 〈오늘 하루〉다.

그대가 헛되이 보낸 오늘은
어제 죽어간 이들이
그토록 살고 싶어 하던 내일이다.

1976년 겨울, 동장군이 엄습했다.

병원에 불이 났다. 물에 젖은 시트를 뒤집어쓴 한 물체가 병원에서 부랴사랴 뛰쳐나왔다. 급성 간염으로 입원해 있던 환자였다. 그의 병실은 6층. "불이야!" 고함에 잠을 깼다. 퍼뜩 정신을 차리고 일어나 침대 시트를 물에 적셨다. 그걸 덮어쓰고 무조건 왼쪽 비상구를 향해 달렸다. 어렵사리 바깥으로 나올 수 있었다. 그가 이처럼 신속하고 침착하게 대응한 것은 아버지의 조언 덕분이었다. 며칠 전 병문안 온 아버지가 일러주었다. "내가 아까 보이, 이 병실 복도에는 비상구가 두 개더라. 오른쪽 비상구는 잠가 놓았고 왼쪽 것은 열렸어. 혹시 모르니까 새겨들으래이. 사람은 항상 준비를 해야 되는 기라." 아버지의 조언에 따라 그는 컨틴전시플랜contingency plan을 그려보고, 시뮬레이션해봤다. 그 덕분에 무사히 빠져나온 것이다.

> "지금보다 어리고 쉽게 상처받던 시절, 아버지는 나에게 충고를 한마디 해주셨는데, 나는 아직도 그 충고를 마음속 깊이 되새기고 있다.
> '남을 비판하고 싶을 때면 언제나 이 점을 명심해라.' 아버지는 이렇게 말씀하셨다. '이 세상 사람이 다 너처럼 유리한 입장에 놓여 있지 않다는 걸 말이다.'
> 아버지는 더 이상은 말씀하지 않으셨지만 우리 부자는 언제나 신기할 정도로 말없이도 서로 통하는 데가 있었고, 나는 아버지 말씀이 그보다 훨씬 더 많은 뜻을 함축하고 있음을 알고 있었다."

『위대한 개츠비』의 시작 부분이다. 아버지의 충고는 평생 간다. 그래서 소중하다. 아버지의 충고에 따랐기에 이학수는 목숨을 구할 수 있었다. 기억할 만한 충고를 남기는 아버지의 존재는 얼마나 눈부신 행운인가. 부자간에 전승되는 지혜는 얼마나 놀라운 행복인가. 충고를 남기지 않는 아버지는 없다. 기억하지 못하는 자식만 있을 뿐이다. 자식의 식息은 스스로自의 마음心이다.

이학수의 준비 마인드를 보여주는 사례는 또 있다. 1971년 그는 제일모직 대구 공장에서 회사 생활을 시작했다. 기왕에 일을 배우려면 공장이 좋을 것 같아 자원했다. 경리과로 발령이 났다. 일요일은 물론 다른 빨간 날도 모두 공장에 나가 일해야만 직성이 풀렸다. 야근도 밥 먹듯이 했고, 숙직과 일직도 자청했다. 24시간 일에 푹 빠져 정신없이 3년을 보내고 나니 실무에 눈이 뜨였다. 국궁鞠躬하고 진췌盡悴하면 길속이 트이는 것은 당연한 이치다. '공정·품종별 원단위 등가 계수' 원가관리 시스템을 만들었는데, 이는 지금도 통용되는 국내 모·방직 업계 최초의 매뉴얼이 됐다.

이학수의 준비성은 치밀함을 넘어 생활철학으로 자리 잡았다. 자신의 약점도 준비성으로 커버했다. 그는 선천적으로 술에 약하다. 폭탄주 한 잔을 일곱 번에 나눠 마시고, 결국 실신했을 정도다. 그러나 사업이라는 게 뭔가. 사람을 상대하는 일이다. 자연히 술이 따를 수밖에 없다. 성경에서도 기분 좋게 술을 마시고, 사랑하는 여인과 인생을 즐기라고 하지 않았던가. 술을 먹어야 하는 게 비즈니스인데 술을 못하는 비즈니스맨이라면 치명적 약점이다. 이 약점을 보완하기 위해 이학수는 어떤 대책을 준비했다. 단골 술집에 보리차 술을 비치해둔 것이다. 사정은 이렇다. 술을 먹어야 할 상황이라면 단골 술집으로 데리고 간다. 이학수가 잔을 돌리지 말고 각각 한 병씩 마시자고 제안을 한다. 이학수쯤 되는 사람의 제안인데 누가 잔을 돌리자고 고집을 피우랴. 술병을 돌리지 않으니 양주처럼 보이는 보리차 술이 들통날 일도 없고, 또 술을 잘하는 사람처럼 보여 자연스럽게 어울릴 수 있다. 놀라울 정도의 준비성이다. 이 정도 준비를 하는 자라면 알아도 속아주고 싶어지리라.

이학수가 실세고, 이건희는 허수아비인가

이학수 권력에 대해 비판도 있다. 실제로 삼성을 움직이고 있는 것은 이건희 회장이 아니라 '이학수

사단'이란다. 김병윤의 지적이다.

"이건희 회장은 신격화되고 미화된 데 심취해서 뭐가 어떻게 돌아가는지 모른 채 (측근들이) 적어준 것을 떠들고 있다. 실제 삼성을 움직이고 있는 것은 이학수 사단이다. 그들이 삼성을 실제로 움직이고 있지, 이건희 회장이 회사를 움직이거나 회사에 큰 영향력을 미치고 있다는 생각은 안 든다. (…) 이학수 부회장이 이건희 회장의 오른팔로 있으면서 이건희 회장의 의중을 읽는 듯하지만, 이학수 부회장의 의도대로 끌고 가는 걸 많이 느꼈다. 이건희 회장이 볼 때 (이학수 부회장이 끌고 가는 방향이) 경영권, 왕권을 유지하는 것이기 때문에 이학수 부회장을 신임할 수 밖에 없다."

이학수가 결정권자이고, 이 회장은 허수아비라는 주장이다. 권력의 농단壟斷이라…, 과연 사실일까. 불행히도 정확한 사실 확인은 불가능하다. 그러나 추측해볼 수는 있다. 우선 이 회장의 좌우명이 경청傾聽이란다. 남을 설득하는 가장 좋은 방법은 남의 말을 들어주는 것이라는 말이 있다. 이 회장은 많이 들어줌으로써 설득하는 사람이다. 이 회장에 대한 인물평도 참고가 된다. "회의할 때나 업무상 임직원의 발언 요지를 간단명료하게 정리해주거나 옳은 방향으로 이끌어가는 데는 탄복할 정도로 천재성을 발휘한다. 나는 아직까지 남의 말을 그렇게 알기 쉽도록 잘 정리해주는 사람은 만나보질 못했다." 이병철의 비서를 지낸 사람의 이 회장에 대한 평가다.

또 다른 이가 말한다. "이 회장은 주로 큰 맥만 짚어주는 등 총론만 챙기고 각론은 전적으로 아랫사람에게 맡긴다. 이 회장은 삼성차 매각조차도 비서실 고위 간부에게 결정권을 주고 본인은 아무런 언급도 하지 않았다. 막상 긴급한 의사 결정이나 결론을 내려야 할 때 이건희 회장은 침묵하는 경향을 보인다." 소설가 박경리는 이건희가 능란하고 세련되지는 않지만, "섬세하고, 치밀하고, 스스러워하는 듯한 그 점"이 독특했으며, 창조적 감성을 느끼게 했다고 술회했다.

이건희 회장은 지난 1987년 회장에 취임하면서 이렇게 말했다. "과거 선대先代 회장은 경영권의 80%를 쥐고, 비서실이 10%, 각 계열사 사장이 10%를 나눠 행사하도록 했다. 그러나 앞으로는 회장이 20%,

비서실이 40%, 각 사장이 40%를 행사하는 식으로 바꾸겠다." 이런 언급들을 고려하면, 이학수가 2인자다운 권력을 행사한 것은 오버나 월권이 아니라 이건희가 원한 것이었다. 이학수의 농단이라고 보는 건 아무래도 무리다.

삼성을 비판하는 사람들은 삼성의 불법과 비리에 대해 말한다. 총수 일가의 지배 · 경영권 유지를 위한 부당 내부 거래와 순환 출자, 이재용의 경영권 승계를 위한 에버랜드 전환사채와 삼성SDS 신주인수권부사채bond with warrant 헐값 발행 및 이재용 보유 주식 고가 매입 등이다. 노동조합 결성을 막는 것, 법 개정이나 정책 변경에 개입하고, 국가기구들의 법 집행 과정에 영향을 미치는 것에 대해서도 비판한다. 거의 다 맞는 말이다. 다른 변명이란 가당치 않다.

이런 비판이 마땅한 만큼 삼성이 당연하게 책임져야 한다. 삼성은 바뀌어야 한다. 이런 문제들에 2인자 이학수의 책임도 적지 않을 것이다. 그가 행사한 힘이 컸기 때문에 그가 져야 할 짐도 그만큼 무거워야 마땅하다. 생텍쥐페리는 지도자란 책임을 지는 사람이라고 했다.

삼성의 삼성을 스웨덴의 발렌베리Wallenberg처럼

변신시켜 존경받는 국민 기업으로 만들었어야 했다는 지적도 있다.

> "삼성과 자주 비교되는 스웨덴의 발렌베리 가문은 1938년 살츠바덴 사회적 대타협에서 노동삼권勞動三權을 보장하고, 경영권을 인정받았으며, 현재도 나눔경영, 노블레스 오블리주로 복지국가를 떠받치고 있다. (…) 삼성은 이런 모델의 반대쪽으로 가고 있다."

그러나 엄밀하게 말하면, 삼성을 발렌베리처럼 바꾸는 것은 그의 재량 사항이 아니었다. 그는 오너가 아니었다. 삼성이 발렌베리로 가는 것은 경천동지의 일대 혁신이다. 오너만이 결정할 수 있는 일이다. 따라서 그 책임은 오너에게 가해지는 게 옳다. 또 하나, 발렌베리라고 해서 잘못이 없는 기업이 아니다. 제2차 세계대전 당시 발렌베리는 히틀러에게 협력해 경제적 이득을 취했다. 소위 '보쉬Bosch 스캔들'이다. 전 세계적으로 비난을 받았다. 지금도 지울 수 없는 허물로 남아 있다. 발렌베리는 선이고, 삼성이 악은 아니다. 삼성이 안고 있는 문제들을 우리 사회가 풀어가는 방법은 삼성에 대한 찬반을 묻는 게 아니다. 옹호나 매도가 아니다. 차분한 토론 속에 합리적으로 차근차근 풀어가야 한다. 삼성이 자발적으로 그렇게 하도록 압박할 게 아니다. 미국 클린턴 정부 시절 노동부 장관을 지낸 로버트 라이시의 지적처럼, 법으로 가이드하고, 정책으로 유도해가야 한다.

후광 효과halo effect란 게 있다. 현혹 효과라고도 한다. 한 가지를 좋게 보면 다른 면도 좋게 보인다는 것이다. 여자가 예쁘면 다른 흠도 좋게 보이는 것처럼 이런 게 인지상정인지 모른다. 반대 측면도 있다. 나쁘게 보기 시작하면 한없이 나쁜 점만 보게 되는 것이다. 이것도 후광 효과다. 싫고 좋고 하는 것은 개인의 자유다. 그러나 평가는 공정해야 한다. 공과功過는 한 묶음이다. 잘잘못은 동전의 양면이다. 잘한 것은 잘한 대로, 못한 것은 못한 대로 가려서 봐야 한다. “사람이나 사물에 대한 올바른 평가를 위해서는 그의 단점을 지적하기 전에 그의 장점을 먼저 파악하는 것이 유익하고도 필수적이라는 격언을 우리는 굳게 믿는다.” 칼라일의 명언이다. 내가 서정주를 싫어하는 건 자유다. 그러나 그가 시詩 대통령이란 소릴 들을 정도로 시를 잘 쓴 건 부인할 수 없는 사실이다. 당신이 서정주를 좋아하는 건 자유다. 그러나 그가 또 친일하고 독재 정권에 굴종했다는 것은 움직일 수 없는 사실이다. 둘 다 인정해야 한다. 둘 다 사실facts이기 때문이다.

잘한 것은 잘한 대로, 못한 것은 못한 대로 평가해야

누구나 공·부정이 있고, 잘잘못이 있다. 개인에 대한 호불호는 자유이나, 그 개인이 한 일에 대해서는 객관적으로 평가해야 한다. 이학수나 삼성이 잘못한 것에 대해서는 마땅히 따지고, 탄핵하고, 응징해야 한다. 그러나 삼성에 대해서든, 이학수에 대해서든 마녀사냥 하듯이 접근하는 것은 옳지 않다. 스티브 발머에 대한 평가는 극과 극을 달린다. 탁월한 의지와 능력으로 고난을 극복해 성공한 거물이란 평도 있고, 독선적이고 이기적인, 무자비한 기업가란 평도 있다. 발머는 권모술수도 서슴지 않았다. 게이츠와 발머는 시애틀의 한 회사로부터 PC 운영체제를 사들였다. 당시 업계를 주도하던 또 다른 회사에서 운영체제 일부를 무단 도용했다. 그런 다음, 여기에 몇 가지 서로 다른 코드를 결합해 IBM PC에 장착하도록 했다. 발머에 대한 인물

평 중에는 이런 것이 있다.

“발머는 탱크를 앞세워 무조건 깔아버리는 무자비한 전쟁을 즐기는 경향이 있어, 경쟁사 제품을 훔치고 나서도 ‘억울하면 고소하라’는 식으로 일을 처리했다. (…) 발머는 스택일렉트로닉스 같은 기업과 협력 관계를 유지하고 있을 때에도 얼굴색 하나 변하지 않고 동업자의 뒤통수를 치는 치사한 수법을 상습적으로 사용했다. 게다가 기업 킬러였던 그는 마이크로소프트의 시장을 위협하는 상대는 누구를 막론하고 무자비한 조직을 동원해 군대식 전술로 초토화했다. 발머에게 희생된 대표적인 기업으로는 월드퍼펙트를 들 수 있으며, 그 밖에 많은 회사들이 잇따라 그의 제물이 되었다.

발머는 한때 파트너였던 하드웨어의 1인자인 IBM과 협상을 하면서, 도청 장치를 설치했다가 발각당한 일도 있었다. 발머는 사적인 장소에서 제품에 심각한 결함이 있다는 점을 시인하면서도, 공적인 자리에선 ‘대단한’ 제품이라며 시치미를 뗀다. 반독점 소송에서 꼼짝 못할 반증에 부딪히면, 마이크로소프트는 독점과 무관하다는 말만 되풀이하면서 자신의 말을 무조건 믿으라고 강변한다.

그리고 이 배포 크고 우락부락한 불한당 같은 발머

는 직원들에게 고함친다. '빌어먹을 자식아! 도대체 어떻게 그런 우라질 결정을 할 수가 있어! 도대체 무슨 망할 놈의 생각을 하고 있는 거야!' 언젠가 발머는 자신의 고객 가운데 하나가 경쟁사인 넷스케이프와 계약한 사실을 알게 되자 험악하게 소리쳤다. '나에겐 적敵 아니면 아군뿐이다! 당신은 이제 나의 적이다!'"

이런 발머가 지금 마이크로소프트의 CEO다. 발머는 게이츠와 더불어 30명도 안 되는 직원을 약 5만 명으로, 연간 소득을 1,200만 달러에서 200억 달러 이상으로, 미미했던 현금 보유액을 360억 달러 이상의 수준으로 끌어올렸다. 그는 마이크로소프트를 일개 기업을 넘어 시대를 이끌어가는 견인차로 만들었다. 그는 지금 그에 상응하는 대우와 평가를 누리고 있다. 잘못에 대한 비판도 있지만, 그 잘못 때문에 잘한 것이 외면당하지는 않는다. 잘한 것에 대한 칭찬에 아낌이 없다.

이학수는 이건희와 더불어 어떤 성적을 냈나. 1987년 이건희 회장 체제가 출범할 당시 14조 원이던 삼성 그룹 매출액은 152조로 11배 늘었다. 이익은 1,900억 원에서 14조 2천억 원으로 75배, 시가총액은 1조 원에서 140조로 140배 늘었다. 삼성은 반도체와 초박막액정표시장치TFT-LCD, 휴대전화, 모니터 분야에서 세계 1위 제품을 만들어냈다. 브랜드 가치는 2007년 기준으로 세계 21위로 명실 공히 글로벌 일류 기업이다. 간판 기업인 삼성전자는 2002년에 시가총액, 2005년에는 브랜드 가치에서 일본의 소니를 앞질렀다. 삼성은 2005년 4월 현재 우리나라 5대 재벌 일반 자산의 50.8%, 자본 총액의 45.9%, 매출액의 39.5%, 당기순이익의 46.2%를 점하고 있다. 이 정도면 그에 상응하는 대우와 평가를 해주는 게 마땅하지 않나.

사람은 소중한 존재다. 귀중한 인격체다. 누구도 그 사람을 비하하거나, 폄하해서는 안 된다. 누구에게도 그럴 권리는 없다. 사람은 사람이기 때문에 존중받아야 한다. 다른 한편, 사람은 누구나 모순의 존재다. 비각碑刻의 주체다. 세상에 존재하는 삶의 모습만큼 한 사람 삶에도 다양한 모습이 존재한다. 그래서 사람을 평가할 때에는 하나로 단정 짓지 않아야 한다. 하나의 측면만 봐서는 안 된다. 사람을 평가할 때에는 인색하지 않아야 한다. 아량을 베풀어야 한다. 그나 나나 별로 다르지 않기 때문이다.

이학수의 신화는 허명虛名이 아니다. 1등 삼성을 만든 실적이 분명하게 있다. 이명박의 그것과 다르다. 이명박의 성공 신화는 실제와 다르게 부풀려졌다. 드라마 〈야망의 세월〉에서는 이명박이 모두가 불가능하다던 소양강댐 건설을 해낸 것으로 나온다. 현대건설의 금고를 빼앗으려고 칼을 든 폭도들이 난입했을 때 모든 사원이 도망가는 와중에도 혼자 금고를 지킨 것으로 나온다. 한마디로 과장 혹은 거짓이다. 소양강댐은 정주영 회장이 주도하고, 서울 공대 출신 간부들이 참여해 만들어낸 작품이다. 이명박은 당시 현대건설 간부도 아니었고, 댐 건설에서도 배제돼 있었다. 금고를 지킨 것도 이명박 혼자가 아니었다. 수많은 사람들 중 하나일 뿐이었다. "드라마를 보면 조선소니 자동차니 다 이명박 씨 업적으로 나오는데 그거 다 드라마 작가의 장난, 조작이다." 정주영의 말이다. 이명박과 함께 현대건설에 입사해 동고동락했던 이의 평도 있다.

"나는 이명박 신화에 대해서 생각이 좀 다른데, 사실 현대건설에 '이명박 신화'는 없었어요. 이명박 대통령이나 내가 입사했을 때 이미 현대건설은 국내

5대 건설사였습니다. 현대건설의 성장은 전적으로 사주社主인 정주영 회장의 덕으로 봐야 해요. 모든 아이디어, 전략, 결단은 정 회장에게서 나왔죠. 오너가 모든 걸 결정하는 것은 전 세계 기업이 마찬가지입니다. 그 외의 사람은 스태프에 불과해요. 정 회장이 현대건설의 리더십 그 자체였고, 이 대통령은 스태프 중의 수장首長이었다고 할 수 있죠. 〈야망의 세월〉이 방송되고 나서 현대건설 출신 사람들 사이에서 그 드라마에 대해 이러저러한 말이 나왔죠. 아까 말했듯이 현대의 임원들은 일종의 '정주영 복제인'입니다. 주역은 누가 뭐래도 정 회장이죠."

삼성에서 38년 동안 근무했고, 최근 20년 동안 휴가라곤 한 차례 간 것이 전부인 사람, 부산상고 · 고려대 동창회에 단 한 번도 나가지 않은 사람, 이 사람이 이학수다. 그는 2008년 6월 30일 삼성을 떠났다. 그가 보좌했던 이건희 회장은 앞선 4월 28일 공식 퇴임했다. "인간은 65세 전후면 노망기老妄期다. 절대 실무 맡으면 안 된다. 예순이 넘으면 손 떼야 한다. 65세 넘으면 젊은 경영자에게 넘기고 명예 회장해야지 어느 그룹처럼 70~80에 실무 맡으면 안 된다.” 이건희는 자신의 말대로 정확히 만 65세에 삼성그룹에서 손 뗐다. 비록 내부 고발자에 의한 대혼란에 따른 선택이었지만, 이건희나 이학수나 모두 깨끗한 처신이었다. 구질구질하게 뭉그적대지 않았다. 핑계 없는 무덤이 없다고 했다. 그가 둘러댈 변명이 왜 없었으랴. 때를 알고 물러나는 용기, 결코 작은 것이 아니다. 마음 씀씀이가 좁고 간사한 사람들이 소인배다. 권세 있는 집안에 붙어서 덩달아 세력을 부리는 사람이 갈개발이다. 이학수는 결코 소인배, 갈개발은 아니었다.

퇴임 후 이학수는 무엇을 하고 지낼까. 그가 좌파학자 신영복의 강의를 듣는 모습이 언론에 잡혔다.

> “신 선배는 고향(경남 밀양) 선배이자 고등학교(부산상고) 선배시다. 대학 1학년 때 신 선배가 하숙집에 자주 찾아와 둘이서 좋은 얘기를 나눴다. 당시 마음속으로 참 좋은 선배라고 생각했는데, 삼성에 입사한 이후 지방에 근무할 때 신 선배가 불행한 일을 당한 사실을 알고 마음이 너무 아팠다. 20년 넘게 수감 생활을 한 신 선배가 이후 훌륭한 사회 지도자로 다시 제자리를 찾는 것을 보면서 ‘역시 선배’라고 생각했다. 신 선배가 앞으로 20년, 30년 넘게 우리

사회에 좋은 씨앗을 뿌리고 수확하기를 바란다.”

불행한 일이란 신영복이 ‘통혁당 사건’으로 구속돼 오랫동안 징역을 살아야 했던 것을 말한다. 신영복은 이학수와 정말 다른 삶을 살았다. 어쩌면 세상을 바라보는 관점도 많이 다를 것이다. 자기와 다른 삶을 살아온 사람에 대해 관심을 갖는 것은 좋은 것이다. 이학수의 내공이 느껴지는 에피소드다.

중국 역사에 풍도馮道란 자가 있었다. 그가 놀았던 시대는 오대십국 시대다. 어지러운 난세였다. 당나라에서 송나라로 이어지는 과도기다. 그는 열한 명의 임금을 잇따라 섬기면서 고위 관리로 30년, 재상으로 20여 년을 지냈다. 덕분에 절개와 염치가 없는 인물의 표본이 됐다. 사가史家 구양수歐陽脩가 처음 그렇게 낙인찍었고, 사마광司馬光이 봉인했다. “정절을 지키는 여인은 두 지아비를 따르지 않고, 충성스런 신하는 두 임금을 섬기지 않는다. (…) 풍도가 재상으로 다섯 왕조와 여덟 성씨를 섬긴 일은 나그네가 객방을 스쳐 지나가는 일과 매한가지다. 아침엔 서로 원수였는데 저녁에 임금과 신하 사이로 변하자, 표정과 말을 바꾸면서도 부끄러워한 적이 없다. 큰 절개가 이랬으니, 설사 그가 착한 일을 몇 가지 했다손 치더라도 어찌 괜찮다고 말하겠는가." 사마광의 규탄이다.

반대 의견도 있다. "'사직이 중요하지, 임금은 중요하지 않다.' 맹자의 이 말처럼 풍도는 그 두 가지를 잘 분별할 줄 알았다. 원래 '사社'란 백성을 편안하게 해주는 것이고, '직稷'이란 백성을 먹여 살리는 것이다. 백성이 편안하고 먹고살 수 있어야만, 임금과 신하는 비로소 책임을 다한 것이다. 만약 임금이 백성을 편안하게 해주거나 먹여 살리지 못한다면, 신하라도 그 일을 대신해야 한다. 따라서 풍도는 신하의 책임을 다했던 것이다. (…) 풍도가 비록 50년 동안 다섯 왕조를 거치면서 열한 명의 임금과 야율씨의 거란에 봉사했지만, 백성이 끝끝내 전란의 참화를 모면할 수 있었던 까닭은, 풍도가 백성을 편안하게 해주고 먹여 살리려고 노력한 덕분이다." 사가 이탁오李卓吾의 옹호론이다. 이탁오의 옹호가 어느 정도는 설득력이 있어 보인다.

풍도와 이탁오는 백성을 구제하는 것이 큰 선행大善이라고 간주하고, 주군에의 충절을 작은 절개小節

로 봤다. 그러나 구양수와 사마광은 충절을 큰 절개大節로, 그리고 백성을 먹여 살린 것을 작은 선행小善으로 이해했다. 보기 나름이다. 시선이 곧 가치관이다. 풍도를 어떻게 보든 풍도에 의해 백성의 삶이 조금이나마 덜 고단했다는 것은 부정할 수 없는 사실이다.

이학수도 생각하기 나름이다. 좋아하든, 미워하든 그 사람 마음이다. 그러나 이학수를 부도덕한 재벌 일가의 강밭은 마름 정도로 보는 것은 지나치게 강파른 평가다. 사람이 마땅히 가져야 하는 정이 인정이다. 인정은 남을 동정하는 따뜻한 마음이다. 사람이 사람을 평가하는 데 최소한의 온기조차 없다면 그 사람이야말로 서글픈 영혼이다. 다른 사람을 완전히 깔아뭉개는 언사는 열등의식의 표현이다. 질투의 비겁한 위장이다. 사람은 다 없어도 마지막 하나, '싸가지'는 있어야 한다. 이학수가 물론 물도 씻어 먹을 사람은 아니다. 허나 술 한잔하며 미주알고주알 속내 털어놓으며 조언 듣고 싶고, 옴니암니 따져가며 엉기고 싶은 사람, 그 사람이 이학수다.

마이크로소프트의 발머에 대해 빌 클린턴이 말했다.

"두말할 필요 없이 발머는 유능한 사람이죠."

이학수에 대해 결과가 말한다.
"두말할 나위 없이 이학수는 뛰어난 사람이죠."

이학수의 참모 멘토링mentoring

- 준비하고, 준비하고, 또 준비하라. 준비되지 않은 승리는 없다. "편안할 때에 위기를 생각하라居安思危. 그리고 대비하라思則有備. 준비가 있으면 근심이 없을 것이다有備則無患." 판단을 잘못한 참모는 용서할 수 있으나, 준비하지 않는 참모는 용서할 수 없다.

- 정답은 없다. 결정하고, 결단하는 데 주저하지 말라. 결정에 따른 결과가 잘될 수도, 못될 수도 있다. 그러나 결정하지 않으면 오직 재앙뿐이다. 성공의 반대말은 패배가 아니라 주저다.

- 역지사지易地思之는 참모의 제1 덕목이다. 겻속을 파악하고, 미래를 읽는 마법의 테크닉이다. 내가 그라면…? 입장을 바꿔서 생각해보라. 뭐가 필요한지 알게 될 것이다. 뭘 해야 할지 알게 될 것이다.

- 철두徹頭하고 철미徹尾해야 한다. 철상徹上하고, 철하徹下해야 한다. 시작과 끝, 위와 아래 모두 꼼꼼히 살피고 경계해야 한다. 일은 중간에 틀어지기 쉽고, 마지막에 흐트러질 수 있다. 시작부터 아퀴까지 시종일관 주의하라.

- 부족한 것을 메워주고, 필요할 때 대신해주는 것이 파트너십이다. 어떤 리더, 어떤 참모여야 한다는 정형은 없다. 물이 그릇에 맞춰 모양을 바꾸듯이, 참모는 리더의 꼴에 맞춰 형태를 취해야 한다.

2

미국 역사상 최초의 흑인 대통령을 만들어낸 현실적 이상주의자

데이비드 액설로드 & 버락 오바마

2008년 11월 미국에서 처음으로 흑인이 대통령에 선출됐다. 그것은 기적이었다. 어느 날 흑인 풋내기 상원 의원이 느닷없이 대선 출마를 선언했다. 그 뒤 그는 거짓말처럼 최상, 최고의 권력자가 됐다. 그것은 쾌거였다. 버락 오바마의 이야기다. 그 오바마의 곁에 '도끼' 데이비드 액설로드가 있었다. 액설로드와 오바마는 한 팀을 이뤄 감동의 드라마를 그려냈다.

43% 대 13.2%, 미국과 한국을 가르는 차이

마음이 울적할 때
저녁 강물 같은 벗 하나 있었으면
날이 저무는데 마음 산그리메처럼 어두워 올 때
내 그림자를 안고 조용히 흐르는 강물 같은 친구 하나 있었으면

울리지 않는 악기처럼 마음이 비어 있을 때
낮은 소리로 내게 오는 벗 하나 있었으면
그와 함께 노래가 되어 들에 가득 번지는 벗 하나 있었으면

오늘도 어제처럼 고개를 다 못 넘고 지쳐 있는데
달빛으로 다가와 등을 쓰다듬어주는 벗 하나 있었으면
그와 함께라면 칠흑 속에서도 다시 먼 길 갈 수 있는 벗 하나 있었으면.

시린 인생 함께 갈 동무가 있다면 얼마나 좋으랴. 거친 일생 같이 울 친구가 있다면 또 얼마나 좋으랴. 도종환이 〈벗 하나 있었으면〉에서 노래한 친구, 그

런 친구가 있는 삶은 참 행복하다. 그 친구와 일을 도모해 성공하면 좋고, 실패해도 그만이다. 친구가 있다. 그 친구와 함께한 도전이 있다. 그렇다면 그것으로 족하다. 버락 오바마Barack Obama와 데이비드 액설로드David Axelrod는 서로에게 그랬다. "우리 둘은 세계관이 같다. 상호 믿음도 깊다." 오바마가 그들의 관계에 대해 한 말이다. 그들은 함께 도전해서 함께 승리를 만들어냈다. 선거가 끝나고 오바마가 말했다. "데이비드 액설로드가 있었기에 승리가 가능했습니다."

'원하는 것 가운데 일부를 못 가지는 것은 행복의 필수조건이다.'

철학자 러셀의 말이다. 다 가지면 오히려 행복하지 않다. 만족은 방심을 낳고, 정체로 귀결된다. 모자라야 갈망하고, 부족해야 희구한다. 그래서 용기를 추스르게 되고, 희망을 부추기게 된다. 사람의 일생도 그렇다. 뭔가 부족해야 행복하지만, 그렇다고 해서 결핍에 안주하는 것이 행복은 아니다. 어차피 다 가지지 못하는 삶이다. 지금 약간 가졌다고 도전을 주저하고, 결단을 위축할 게 아니다. 다 가지려 탐할 것은 아니지만, 더 나아지기 위해 노력해야 한다. 그래야 발전이 있다. 또 뭔가 확실한 그림이 보이지 않을 때 되레 용감해져야 한다. 바로 그때, 스스로를 던져야 한다. 앞뒤를 잘 헤아려 깊이 생각하는 신중함이나 꾀가 없는 것이 무모無謀다. 때론 그 무모한 도전이 위대한 변화를 만들어낸다. 오바마가 그랬다. 아무도 거들떠보지 않을 때 과감하게 대통령에 도전했다. 그리고 해냈다.

'지식인은 자기 마음을 살피는 사람이다.'

카뮈의 말이다. 빗대자면, 정치인은 다른 사람의 마음을 살피는 사람이다. 마음을 읽고, 마음을 얻는 것이 정치의 요체다. 액설로드는 별명이 도끼ax다. 액설로드Axelrod란 이름의 첫 두 철자에서 따온 별명이다. 그렇다고 도끼를 휘둘러 다른 사람을 다치게 하거나, 승리를 위해 물불 가리지 않는 스타일을 뜻하는 것도 아니다. 유권자의 정서를 도끼로 찍듯이 정확하게 파악하고, 도끼날처럼 예리하게 파고들기 때문에 붙은 별명이다. 그는 부드럽고 온화하다. 자신은 결코 웃지 않으면서도 농담을 즐긴다. 별로 멋있어 보이지 않는 콧수염으로 얼굴을 꾸미지만 아무리 봐도 잘생긴 얼굴은 아니다. 그래도 마음은 따뜻한 사람이다. 없고 약한 사람을 위해 애쓰며 살았다.

정치판에 뛰어든 이후 사회적 열패자劣敗者인 흑인들과 일했다. 빌 클린턴의 참모 딕 모리스처럼 재기발랄하지도 않고, 조지 부시의 참모 칼 로브처럼 용의주도하지도 않지만 최초의 흑인 대통령을 만들어 냈다. 그가 만들어서 내건 구호가 이랬다. '그래, 우린 할 수 있어Yes, we can.' 그가 해냈다.

생각만큼 미국은 좋은 나라가 아니다. 불균형한 빈곤 대국이고, 불평등한 복지 후진국이다. 하지만 지난 2008년 미국은 멋진 모습을 보여주었다. 그래도 역시 미국이란 나라가 간단치 않구나, 이런 생각이 들게 했다. 대통령 선거에서 흑인을 대통령으로 선출한 것이다. 불가능하게만 보였던 그 일이 마침내 실현된 것이다. 꿈을 실현하는 집단 지성, 오늘날의 초강대국 미국을 만든 힘이다. 미국은 백인의 나라다. 백인이 절대다수를 점하고 있다. 83.4%를 차지하고 있다. 이 가운데 순수 백인은 77% 정도고 나머지 6.4%는 히스패닉계다. 흑인은 12.4%다. 그 백인의 43%가 흑인 오바마를 찍었다. 30세 이하의 젊은 백인층에서는 무려 54%에 달했다. 2001년부터 8년 동안 미국을 통치한 부시의 실정失政과 독선 때문에 반사 효과를 누린 탓도 있다.

그러나 흑인 문제 때문에 내전까지 겪은 나라에서 백인의 절반 정도가 흑인을 선택했다는 것은 정말 대단한 것이다. 특히 TK라는 특정 세력이 오랫동안 권력을 독점하면서 교활하게 지역감정을 이용한 대한민국의 처지에서 보면 마냥 부러울 따름이다. 영남은 호남 출신 대통령 후보에 대해 13.2%(김대중), 10.2%(정동영)의 알량한 지지를 표했다. 지역감정은 '반공 · 반북', '시장'과 더불어 보수 세력이 시종일관 집권의 열쇠, 국정의 중추中樞로 삼고 있는 제1의 요결이었다.

소설 『영원한 제국』이 처음 출간됐을 때 이문열이 썼다. 조선일보 칼럼에서 '오랜만에 나를 감동과 충격으로 밤새우게 만든 책'이라고 극찬했다. 그 덕분에 그 책이 떴다는 말이 나오기도 했다. 그럼 이문열이 왜 그랬을까. 그의 흉금을 정확하게 알 수는 없지만 촌탁忖度해 볼 수는 있다. 첫째 힌트는 족보族譜다. 이문열과 이인화는 족보가 비슷하다. 이문열은 영양 석보石保의 재령 이씨로 이른바 '골남'이다. 남인 중에서도 남인 정체성을 골수에 새기고 있는 남인이 골남이다. 이인화의 본성本姓은 류씨다. 안동 무실務實의 전주 류씨로 역시 골남으로 불리는 집안이다. 이문열과 이인화는 영남의 골남이라는 동질감을 갖고 있다.

둘째 힌트는 내용이다. 『영원한 제국』은 정조正祖 사후 정계에서 퇴출당한 영남 남인의 비가悲歌, 혹은 남인의 후예인 작가가 노론에 대해 한풀이한 소설이란 소리를 듣는다. 당쟁의 최종 승리자 노론은 남인의 정치적 반대 세력이었다. 남인은 예나 지금이나 정조가 노론에 의해 독살됐다고 본다. 정조 사후 정권에서 소외되고 웅숭깊은 산골 벽촌 경북 땅에 찌그러져 있어야 했던 그들의 분노와 앙심이 그대로 표출된 소설이다. 이러니 이인화의 『영원한 제국』은 이문열에게 남다른 의미로 다가왔을 것이다.

1800년 정조 사망 이후 남인은 중앙 정계에서 완전히 퇴출당했다. 상추 밭에 똥 싼 개처럼 아예 얼씬도 못했다. 남인들이 150여 년 만에 정치의 주역으로 재등장한 것은 박정희의 5 · 16 쿠데타 이후였다. 남인은 TK로 그 이름을 바꿨다. 박정희는 쿠데타로 권력을 장악했다. 그러나 마땅히 기댈 만한 친위 세력이 없었다. 이런 아쉬움을 달래기 위해 엄민영嚴敏永이란 사람이 아이디어를 냈다. 엄민영은 고등학교 시절 박정희와 학교는 달랐지만 한때 같은 하숙집에서 기거했다. 1915년생 엄민영이 2살 위였으나, 자치동갑으로 어울렸을 것이다. 엄민영은 일제하 공무원 생활을 거쳐 서울 법대 교수 등 학계에 몸담았다. 한국전쟁 때 미군 통역관을 하다가, 그 인연으로 미국 유학도 다녀왔다. 월간『사상계』편집위원도 지냈다. 4 · 19 후에는 참의원參議院 의원에 당선됐다. 당시 출입기자의 인물평이 있다.

> "엄 의원은 신민당의 백남억 의원과 함께 참의원 내에서 쌍벽雙壁을 이루는 법학자다. 그가 미국에서 대학원을 졸업했다는 것만으로도 그의 법률에 대한 조예를 알 수 있다. 뿐만 아니라 일제 시 고등 문관시험에 합격하여 전북 임실 · 무주 등의 군수를 역임한 바 있는 행정가이기도 하다. 해방 후 군정 시에는 전북 농산국장, 대한민국 수립 초창기에는 전라남도 농림국장으로서 농촌 개발에 수완을 보이기도 했다. 그 후 뜻한 바 있어 교육계에 투신하여 서울대학교 법과대학 교무과장에 재임하면서 법대를 비롯해 서울대 상대, 연세대 등에서 그의 전공인 행정법을 강의해왔다. 해박한 그의 지식과 투철한 법 이론은 대학생 간에 인기를 모은 바 있다.
>
> 그 후 7 · 29 총선거에서 3년 임기의 참의원에 당

선됐다. 참의원에서의 인재의 빈곤을 탄하고 심지어 참의원의 무용론無用論까지 대두되는 판국에 졸속을 견제하고 참의원의 신중성과 진가를 발휘하는 데 없어서 아니 될 도량이다. 지난번 국회법 개정에 있어서 민의원民議院이 참의원에게 의안의 재심권再審權을 박탈하려고 기도했을 때, 그는 정연한 법 이론을 전개하여 민의원 의원들을 설복시켰다. 여당인 민주당에 소속해 있으면서도 그는 당익을 내세우지 않는 인텔리다."

쿠데타 당시 그는 일본에 체류 중이었다. 그는 박정희 이름을 보고 하숙집 생활을 기억해냈다. 부인을 박정희에게 보냈다. 그런 다음 박정희의 정치 고문이 됐다. 박정희는 엄민영에게 완전히 매료됐다. 귀로 듣고, 뇌리에 새겼다. 이때는 민정 이양移讓을 둘러싼 시점이라, 두 가지가 중요했다.

첫째는 민정 참여였다. 쿠데타 세력이 군정을 끝내고 민정에 참여하려면 조직, 즉 당을 새로 만들어야 했다. 박정희의 처조카 김종필은 이른바 군 주체 세력과 젊은 민간인 엘리트를 중심으로 한 정당 조직을 주장했다. 엄민영은 달랐다. 'JP 구상'을 이상론理想論으로 치부했다. 기성 정치인의 참여를 포함한

원내 중심의 정당을 주장했다. 대선에서 이긴 박정희는 저울질 끝에 총선을 앞두고 엄민영의 어드바이스를 채택했다. 이에 따라 공화당에 참여하게 된 구舊정객의 대표적인 인물이 이효상, 백남억, 김성곤, 박준규 등이다. 하나같이 경북 출신이다. 이때를 기점으로 TK가 대자적對自的 정치 실체로 등장했다. 이후 TK는 집권 세력의 동의어가 됐다.

둘째, 파벌 구도였다. 쿠데타 주도 세력 중에 경북 출신은 사실상 박정희 하나뿐이었다. 군정 초기 최대 라이벌이었던 장도영과 그 동조 세력은 서북 출신이었다. 군정 후반기에 반기를 들었던 김동하, 박창암, 박임항 등은 관북 세력이었다. 직계라고 할 수 있는 김종필도 충청 출신이었다. 이런 이유 때문에 경북 세력을 발탁하고, 결집시키자는 엄민영의 아이디어는 박정희에게 먹혀들 수밖에 없었다. 처음으로 '지역'이 통치 기반의 중추가 됐다. 그것이 정치권 내 TK 세력의 출발이었다. 이렇듯 TK는 내부 권력 투쟁을 위해 마련된 기획의 산물이었다.

그런데도 우리 정치와 사회를 왜곡한 정도에서는 미국의 인종 갈등에 못지않다. 미국의 백인은 다른 인종이자 다른 민족인 '깜둥이'를 43%나 지지했다. 대한민국의 영남은 같은 인종에다 같은 민족인 '깽깽이'를 10% 조금 넘게 지지했다. 한심하고 걱정스럽다. 그렇다면 누가 오바마의 기적을 만들어냈을까? 액설로드다.

도끼, 현실을 찍어내고 이상을 심다

액설로드의 직업은 정치 컨설턴트다. 클린턴을 지옥에서 구출했다고 하는 딕 모리스, 부시를 대통령 선거에서 두 번이나 승리로 이끈 칼 로브도 역시 정치 컨설턴트였다. 정치 컨설턴트, 정치인에게 어드바이스를 해주는 것을 직업으로 삼고 있는 사람들이다. 정치 컨설팅은 미국에서 뜨는 산업이다. 이제 몇몇 정치 컨설턴트는 유명 인사가 됐고, 어떤 경우엔 정치를 움직이는 키잡이로 대접받고 있다. 딕 모리스는 '가장 영향력 있는 시민'으로, 칼 로브는 '천재 소년boy genius', '공동 대통령co-president'으로까지 평가됐다.

칼 로브와 대선에서 두 번 붙은 사람이 밥 슈럼이

다. 그는 민주당의 대표 컨설턴트로 불렸다. '슈럼 프라이머리 Shrum primary'라는 말을 들을 정도로 그의 위세는 대단했다. 슈럼 프라이머리는 민주당의 주요 후보자들이 슈럼을 자신의 컨설턴트로 채용하기 위해 경쟁을 벌인 것을 예비선거에 빗대 표현한 것이다. 그러나 그는 2000년, 2004년 두 번 모두 졌다. 패배 후 그가 회고록을 냈다. 『핑계 대지 않겠다No Excuse』. 정직한 제목이다. 정치에서 패배는 오직 무능일 뿐이다.

선거는 기본적으로 후보들의 싸움이지만 동시에 컨설턴트를 비롯한 참모들의 대결이기도 하다. 때문에 참모 중에 특정 인물이 성패를 좌우한 인물로 부각되곤 한다. 1992년 대선에는 제임스 카빌이 클린턴 승리의 일등 공신으로 지목됐고, 그 이전 1988년에는 리 애트워터가 스포트라이트를 받았다. 2008년 대선에서도 어김없이 정치 컨설턴트들이 각축을 벌였다. 유례없이 치열하게 붙었던 민주당 당내 경선에서는 힐러리 진영의 마크 펜과 오바마 진영의 데이비드 액설로드가 맞붙었다. 액설로드는 오바마의 출마 선언 당시 33%포인트나 뒤졌던 판세를 뒤집고 무명의 신예 오바마를 대선 후보로 만들어냈다. 본선에서도 그는 매케인 진영의 스티브 슈미트를 꺾고 승리를 일궈냈다. 명실 공히 킹메이커가 됐다. 참모로서 최고의 반열에 오른 것이다.

정치 컨설팅의 효시는 백스터와 휘태커다. 1933년 대공황의 물결이 휩쓸고 있었다. 캘리포니아 주 의회는 에너지 공급의 일정 부분을 공영화하는 법안을 통과시켰다. 에너지 공급을 담당하던 민간 기업들은 순순히 수용하려 하지 않았다. 법안을 백지화하기 위한 활동에 착수했다. 기자 출신의 레노에 백스터Lenoe Baxter와 홍보 전문가로 활동하던 클렘 휘태커Clem Whitaker를 고용했다. 법안에 대한 반대 여론을 조성하기로 한 것이다. 두 사람은 치밀한 캠페인을 펼쳤다. 마침내 주 의회는 주민들의 성화에 못 이겨 법안을 백지화해야 했다. 그 뒤 그들은 함께 컨설팅 회사를 차렸고, 나중에는 결혼까지 했다.

이들은 루스벨트가 추진하던 전 국민 의료보험 제도의 도입을 막는 캠페인도 펼쳤다. 의료 업계와 보험 업계가 공동으로 천문학적인 자금을 투입했다. "돈은 과연 용사다. 그것을 방해할 자는 없다." 셰익스피어의 이 말대로 돈을 쏟아붓자 곧 효과가 났다. 백스터와 휘태커의 전략대로 의료보험 제도가 공산

주의적 발상임을 국민들에게 각인시키는 데 성공했다. 전 국민 의료보험 제도는 물거품이 됐다. 그 덕에 아직도 미국인 중 약 4천7백만 명이 의료보험 혜택을 못 받고 있다.

1934년 사회 개혁가이자 소설가 업튼 싱클레어가 캘리포니아 주지사에 출마했다. 각종 여론조사에서 앞서나갔다. 백스터와 휘태커는 대대적인 흑색선전을 펼쳤다. 싱클레어가 어린 여자를 꼬드기고, 그를 지지하는 사람들이 친親소련 사회주의자라고 비방했다. 이른바 '스미어 캠페인smear campaign'이다. 어떤 개인이나 집단의 평판, 신뢰성, 품성을 깎아내리는 캠페인이다. '남을 비방하는 것은 자기를 칭찬하는 부정직한 방법'이라는 듀랜트의 말 그대로다. 특히 후보가 마치 사회적으로 이미 낙인이 찍혀 있는 집단과 연계돼 있는 것처럼 비방하는 방법을 많이 사용한다. 키케로의 말처럼 비방보다 더 빠른 것도, 더 쉽게 입에서 나오는 것도, 더 신속히 받아들이는 것도, 더 멀리 퍼지는 것도 없기 때문이다. 이처럼 처음 정치 컨설턴트에 의한 캠페인은 진보적 정책이나 개혁 세력의 의지를 꺾는 수단이었다. 그러나 잘 쓰면 약, 못 쓰면 독이라던가. 누가 쓰느냐에 따라 얼마든지 유용할 수 있는 것이 정치 컨설팅이다. 액설로드가 이것을 보란 듯이 증명해 보였다.

근래 미국에서 선거에 나서려면 부득불不得不 컨설턴트를 고용해야 한다. 그게 대세가 됐다. 오바마는 액설로드를 선택했다. 정치인과 컨설턴트의 만남은 기본적으로 계약으로 맺어진 사업 관계다. 필요에 의해 거래하는 사이다. 그런데 액설로드와 오바마는 계약으로 맺어진 사이가 아니라 인생의 동반자였다. 푸른 하늘이 뭉게구름을 품듯, 꽃이 나비를 반기듯 둘의 만남은 운명적 만남이었다. 이 도령에 성춘향이라 느낌이 좋았고, 마음이 맞았다.

'마음의 논리란 모순'이라는 말 그대로 마음이나 느낌의 상통에 어떤 논리적 이유가 있는 게 아니다. 그냥 좋고, 단지 싫을 뿐이다. 액설로드는 1955년생이다. 콧수염을 기른 반半대머리다. 오바마는 1961년생이다. 5년 터울이었다. 사랑은 두 마음이 한몸이 되는 것이고, 우정은 두 몸이 한마음이 되는 것이라고 했다. 그들은 인종과 나이를 넘어 우정을 나누는 신뢰의 아우雅友, 단아하고 점잖은 벗이 됐다. 하나의 꿈을 함께 좇는 '드림 파트너dream partner'가 됐다.

액설로드와 오바마, 흑인의 도시 시카고에서 만나다

액설로드는 뉴욕에서 태어났다. 1960년 그가 다섯 살 때 누나의 손에 이끌려 선거운동 집회를 보러 갔다. 연사는 존 F. 케네디였다. 그가 하는 말을 이해하지는 못했지만 액설로드는 왠지 모르게 영적靈的 감동을 받았다. 케네디를 처음 봤을 때의 그 흥분은 그에게 지울 수 없는 기억으로 남았다. 긴 인생을 틀 지우는 짧은 환희였다. 8년 후 열세 살이 되었을 때, 선거운동 자원봉사자로서 그는 옷깃 단추lapel button나 차량용 스티커를 나눠주는 일을 했다. 로버트 케네디의 선거운동이었다. 케네디 형제를 통해 가지게 된 정치적 이상주의는 그의 정체성이 됐다. 그것이 사실 나중에 오바마와도 가까워지는 밑바탕이었다.

액설로드는 시카고 대학을 나왔다. 정치학을 전공한 그는 졸업 후 언론사에 들어갔다. 8년 동안 정치부 기자, 논설위원으로 일했다. 기자로서도 뛰어났지만, 아름다운 문장으로 명성을 떨쳤다. 글 잘 쓰는 능력은 액설로드를 성공으로 이끈 중요한 자질이었다. 1996년 당시 클린턴 대통령이 재선 운동에 사용한 “21세기로 나아가는 다리 건설하기”란 구호도 그의 메모에서 나왔다고 한다.

언론에서 성공했지만 권태를 느꼈다. 얼마를 이룬 인생이든 권태를 느끼면 만사 귀찮다. “인생은 백 번을 거듭한다 해도 우리를 권태롭게 할 수 없을 만큼 그렇게 짧은 것이 아니다.” 니체의 독설처럼 제법 긴 인생, 있는 힘을 다해 즐겁게 살아야 한다. 즐겁게 살기 위해서는 무엇보다 하고 싶은 일을 해야 한다. 안주 뒤에 일탈하기보다는 도전 속에 행복을 찾는 게 훨씬 현명하다. 액설로드는 보고, 관찰하고, 해석하는 것이 아니라 제 손으로 행하고, 결단하고, 창조하는 일이 하고 싶었다. 그는 1984년 정치에 뛰어들었다. 연방 상원 의원에 도전 중이던 폴 사이먼 캠프에 커뮤니케이션 담당자로 들어갔다. 금방 캠페인의 공동 매니저가 됐다. 정치가 적성에 맞았던 모양이다. 1985년 컨설팅 회사를 직접 설립했다.

이즈음 오바마는 컬럼비아 대학을 졸업하고 1985년 시카고로 가 지역 활동가community organizer로 투신했다. 그는 세상을 바꾸고 싶었고, 그 해법을 풀뿌리 조직에서 찾았다. “레이건과 그 앞잡이들이 더러운 짓을 벌이는 백악관에 변화가 필요하고, 양처럼 고분고분한 부패의 의회에 변화가 필요하며, 미친 듯이 한쪽으로만 치우친 나라 안의 분위기에도 변화가 필요하다. 변화는 저절로 오는 것이 아니라 조직된 풀뿌리에서만 나온다." 그의 고백이다. 현장에서, 길거리에서 직접 대중과 부딪히며 풀뿌리 정치, 운동 형태의 정치를 체득해나갔다. 그것은 그의 성공에 가장 중요한 밑거름이 됐다.

단풍 물든 숲 속에 두 갈래 길이 나 있었다.
몸이 하나니 두 길을 모두 다 가볼 수는 없어
나는 아쉬운 마음으로 오래도록 서서
잣나무 숲 속으로 접어든 한쪽 길이
굽어져 안 보이는 곳까지 바라다보고 있었다.
그리고는 하나의 길을 택했다.
그 길은 먼저 길과 똑같이 아름답고
풀이 우거져 사람을 부르는 듯했다
사람이 밟고 지나간 흔적은
먼저 길보다 좀 덜하기는 했지만….

그날 아침 두 길은 모두
아무런 발자국도 찍히지 않은 채
서리 맞은 낙엽에 덮여 깨끗하게 놓여 있었다.

먼저 길은 다른 날 걸어가 보리라 생각했지만
허나, 길은 길로 뻗어나가는 것이고
다시 돌아올 가망은 없었던 것이다.

오랜 세월이 흐른 뒤
나는 어디선가 한숨 쉬며 말하리라
두 갈래 길이 숲 속에 나 있어
나는 사람들이 덜 다닌 듯한 길을 택했었는데
결국 그것이 나의 운명을 바꾸어놓았더라고….

프로스트의 시, 〈가지 못한 길〉이다. 남들과 똑같은 길을 가서는 차이를 만들 수 없다. 다른 이들이 하는 대로 해서는 변화를 창조할 수 없다. 다른 길을 가야 하고, 다르게 해야 한다. 오바마는 사람이 다니지 않던, 다른 길을 선택했다. 그것이 그를 사상 최초의 흑인 대통령으로 만들어낸 동력이었다. 그것이 연방 상원 의원에 뽑힌 지 겨우 4년밖에 안 된 그를 대통령으로 만든 대장정의 시작이었다. 그는 1988년 하버드 로스쿨에 들어갔고, 1991년 졸업 후 다시 시카고로 돌아왔다.

1987년, 액설로드는 흑인으로서는 처음으로 시카고 시장에 도전한 해럴드 워싱턴의 캠페인에 참여했다. 이때가 흑인 정치인과 일하기 시작한 처음이었다. 그가 흑인 정치인과 일하기로 한 것은 블루 오션 전략blue ocean strategy의 일환일 수도 있다. 설사 그렇다손 치더라도 그의 이상주의와 휴머니티에 따른 선택이라는 점을 간과해서는 안 된다. 본인이 유대인이라는 점도 작용했을 것이다. 흑인이나 유대인이나 인종적 소수minority기는 마찬가지라 동병상련을 느꼈을 것이다.

이후 액설로드는 흑인 정치인들의 시장직 도전에서 중요한 역할을 수행했다. 디트로이트의 데니스 아처, 클리블랜드의 마이클 화이트, 워싱턴 DC의 앤서니 윌리엄, 휴스턴의 리 브라운, 필라델피아의 존 스트리트. 그는 1989년 시카고 시장에 도전한 리처드 데일리의 선거에도 참여했다. 이후 그의 가까운 조언자가 됐다. 흑인은 주로 도시에 산다. 슬럼가다. 그는 흑인 표를 모으고, 라틴계와 진보적 백인들을 끌어들여 승리를 만들어내는 최고의 도시 정치 전문가로 성장했다.

1992년 클린턴이 대선에 출마하면서 액설로드를 불렀으나 갈 수 없었다. 딸이 아팠기 때문이다. 1999년 고어가 대선 캠프로 그를 불렀을 때도 거절할 수

밖에 없었다. 이번에는 아내가 아팠기 때문이다. 2004년 존 에드워즈의 대선 캠페인에 참여했다. 액설로드는 2001년부터 2007년까지 6년 동안 42회의 당내 경선이나 일반 선거에 참여해 33번 승리했다. 거의 80%에 육박하는 승률이다. 정치는 전쟁이다. 유혈流血의 스포츠다. 약육강식, 적자생존의 세계에서 그는 착하지만 이기지는 못하는 유선무능有善無能의 식자識者가 아니었다. 착하면서도 이길 줄도 아는 유선유능有善有能의 전사戰士였다.

액설로드와 오바마는 1992년에 처음 안면을 텄다. 오바마가 아직 주 의회에 진출하기 5년 전이다. 지역 활동가로 일하던 오바마가 클린턴 선거 캠페인에서 유권자 등록 운동을 전개하고 있었다. 이때 자원봉사자로 일하던 '강남 좌파' 아줌마가 있었다. 오바마가 나중에 최초의 흑인 대통령이 될 것이라고 여긴 그 아줌마가 액설로드에게 오바마를 만나보라고 어드바이스했다. 17년 뒤 오바마가 실제로 대통령이 됐으니, 그 여인의 작은 조언에서 세기世紀의 변화가 시작된 것이라고 해도 과언이 아니다.

오바마를 만났을 때 액설로드는 그가 다섯 살 때 매혹됐던 케네디를 연상했다. 영웅의 모습으로 미국 정치를 변화시킬 역사의 대리인으로 느껴졌다. "최초의 느낌이 언제나 가장 자연스런 것이다."(루이 14세) 두 사람은 모두 이상주의, 흑인에 대한 공감을 공통분모로 갖고 있었고, 강한 정서적 유대도 느꼈다. 둘 다 아버지가 자살했고, 시카고에서 사회적 삶을 시작했다. 액설로드는 필생의 인연을 만났다고 느꼈다. 둘은 친구가 됐다. 나폴레옹이 말했다. "정치의 세계에는 마음이란 없고 오로지 머리만 있다." 그러나 그들은 마음으로 맺어진 사이였다.

2003년 주 상원 의원 시절 오바마는 이라크 전쟁에 반대하는 연설을 하기 전에 액설로드에게 어드바이스를 구했고, 자신의 자서전 원고를 검토해달라고 요청하기도 했다. 반전反戰 연설로 오바마는 진보 개혁 진영의 신뢰를 얻었고, 자서전으로 대중적 신망을 얻었다. 액설로드는 오바마가 살아온 이야기에 깊이 천착穿鑿했다. 쓸 만한 정치 재료로 삼기 위해 다듬었다. 오바마는 이데올로기나 도그마에 빠지지 않았다. 그에게 정치는 변화의 수단이지 권력이나 직업이 아니었다. 아웃사이더였다. 변화의 사자使者였다. 낙관주의와 젊고 신선한 역동성을 상징했다.

액설로드는 그 오바마를 통해 미국을 바꾸고자 마음 먹었다.

오바마의 정치 역정, 액설로드의 스토리 마케팅으로 꽃피우다

희망찬 사람은
그 자신이 희망이다

길 찾는 사람은
그 자신이 새 길이다

참 좋은 사람은
그 자신이 좋은 세상

사람에서 시작된다
다시 사람만이 희망이다

〈사람만이 희망이다〉, 박노해의 시다. 어려울 때일수록 사람에게서 희망을 찾고 싶은 건 동서와 고금, 남녀와 노소, 흑백이나 선악을 막론하고 공통된 정서다. 오바마는 테러, 전쟁, 양극화로 얼룩진 난세에 희망이 되고자 했다. 아등바등 고단한 삶을 바꾸는 변화의 아이콘이 되고자 했다. 2004년 오바마가 연방 상원 의원에 도전했다. 무모한 도전이었다. 비록 1996년부터 주州 상원 의원을 지낸 경력이 있었지만, 2000년 연방 하원 의원 당내 경선에서 일패一敗 끝에 여지없이 도지塗地할 정도로 오바마의 기반이 약했기 때문이었다. "2000년 선거 당시 오바마는 무리에서 떨어져 나온 늑대 같았죠. 지지도 많지 않았고, 치밀한 계획도 없었습니다." 선거를 지켜본 기자의 평이다.

그러나 시련 없이 성숙 없고, 패배 없이 발전이 어디 있으랴. 처음으로 일패도지란 말을 입에 담은 유방이 나중에 황제가 되듯이 오바마도 다시 일어났다. 4년 동안 오바마는 차근차근 준비했다. 오바마는 액설로드에게 도움을 청했다. 이미 마음을 나누고 영혼으로 아끼는 동반자였던 액설로드는 기꺼이 참여했다. 그는 미디어 컨설턴트 역할을 맡았다. "이 사람은 정말 특별하다. 만약 그를 상원에 당선시켜 준다면, 그 일에 조금이라도 기여한다면 남은 인생

동안 자랑스러워할 것이다." 액설로드의 말이다. 그는 오바마가 지역 활동가로서의 경험을 내세워 흑인표를 끌어들일 수 있고, 하버드 졸업 학력으로 백인들이 그를 인정하게 할 수 있을 것으로 판단했다. 그에게 오바마는 적절한 때에 만난 적절한 후보였다. 당내 경선이나 본선에서 유력 후보가 모두 이혼 과정을 둘러싼 스캔들 때문에 자멸自滅했기 때문에 손쉬운 싸움이었다. 압승했다. 그러나 액설로드가 오바마를 변화와 희망의 상징으로 자리매김한 포지셔닝positioning이 승리의 동인이었다. 당시 그가 창조해낸 구호가 '그래, 우린 할 수 있어Yes, we can'였다.

2004년엔 대선도 치렀다. 카리스마로 청중을 사로잡을 흑인 연사를 원했던 대선 후보 케리 진영에서 오바마에게 전화를 걸어 전당대회장에서 연설해달라고 요청했다. "전화를 받은 오바마는 '내가 하고 싶은 얘기는 정해져 있어요. 미국에서 태어났기 때문에 가능했던 내 인생 얘기를 할 겁니다'라고 말했다." 액설로드의 회고다. 이슈나 정책, 어젠다agenda가 아니라 스토리로 승부하는 것은 오바마의 한결같은 원칙이었다. 액설로드의 생각도 다르지 않았다.

2004년 7월 오바마가 민주당 전당대회에서 연사로 나섰다. 보기에 따라선 뜻하지 않은 행운으로 보일 수도 있었지만, 사실 대중과 살을 맞대며 교감해온 노력에 대한 보상이었다. 무릇 노력은 행운을 인도하는 표지판이다. 마음이 초조하고 불안해 어찌할 바를 모르는 모양이 안절부절이다. 어려움과 싫음이 에롬시롬이다. 연단에 선 오바마는 안절부절하지 않았고, 에롬시롬도 없이 당당하고 자연스러웠다.

"저는 이렇게 말하고 싶습니다. 진보적인 미국, 보수적인 미국은 없습니다. 미합중국이 있을 뿐입니다. 흑인의 미국, 백인의 미국, 라틴계의 미국, 아시아계의 미국이 아니라 미합중국입니다. 역경 속에서도 희망을 잃지 맙시다. 불안 속에서도 담대한 희망을 가집시다. 우리 모두는 성조기에 충성을 맹세하고 미합중국을 지키는 미국인입니다."

멋진 수사, 훌륭한 메시지였다. 게다가 타의 추종을 불허하는 오바마의 연설 솜씨까지…, 반응이 놀라울 정도로 좋았다. "나는 전당대회장 안을 걸어가고 있었어요. 전당대회란 건 정신없는 행사죠. 청중은 쉼 없이 웅성거리고 와글거립니다. 연설은 십중팔구 소음에 묻히죠. 하지만 오바마가 연설을 시작하자 사람들은 조용해졌고, 귀를 기울였고, 오바마의 말에 공감했습니다." 한때 대선에 도전했던 게리 하트의 술회다. 전당대회 연설을 계기로 오바마는 일약 전국적 스타가 됐다. 방송에서는 그를 타이거 우즈에 비유했다. '미국 최초의 흑인 대통령감이라는 말이 공공연히 나돈다'는 멘트까지 흘러나왔다. 연설문을 비롯해서 전당대회 연설은 액설로드와 함께 꼼꼼하게 검토하고 준비한 것이었다.

오바마와 액설로드는 음양陰陽의 조화를 이루었다. 그들은 모든 면에서 생각이 비슷했다. 액설로드는 오바마의 수호천사였고, 언제나 곁에서 필요한 지혜를 제공하는 어드바이저adviser였다. "그와 나는 기본적으로 세상을 보는 눈이 같다. 이 나라가 어떠해야 하는지, 우리가 어디로 나아가야 하는지에 대한 그의 생각을 나는 신뢰한다. 그것은 특정 정책에만 국한된 게 아니다. 정치가 어떻게 최상의 것을 끄집어낼 수 있는지에 대한 것이다." 오바마의 평이다.

대중과 커뮤니케이션하기 위해서는 설득하거나, 확신을 주기보다는 그 후보에 대해 있는 그대로 보여주는 게 낫다는 게 액설로드의 소신이다. 사람들은 이슈, 정책, 아이디어가 아니라 믿을 수 있는 진짜 모습, 퍼스낼러티personality나 가치value에 디딘 모습을 받아들인다. 이것이 칼 로브가 부시를 두 번이나 승리로 이끈 비결이다. 캠페인은 이슈가 아니라 후보의 삶에 기초해야 한다. 안데르센이 말했던가. 누구의 일생이든 모두가 신의 손가락이 쓴 동화다. 꿈이 있고, 감동이 있다는 말이다. 삶은 생각과 행동과 가치의 응축이다. 살아온 삶을 조작할 수는 없다. 삶은 꿈도 연극도 아니고 가장 심각한 진실이다. 이념보다는 퍼스낼러티에 기반을 둔 캠페인이 신뢰를 확보하는 최선의 방법이다.

이런 지론을 가진 액설로드는 2006년 중간선거에서 민주당 선거 캠프에 합류했다. 절친한 친구이자 하원 의원인 람 이매뉴얼Rahm Emanuel이 이끈 민주당 하원 선거대책위원회의 수석 어드바이저로 일했다. 민주당은 그의 조언에 따라 거창한 이념이나 대변동을 내걸지 않았다. "액설로드가 기본적으로 하고자 하는 것은 정책을 어떻게 팔지 그 방법을 찾는 게 아니다. 그는 퍼스낼러티 문제를 고민한다. 어떻게 리더십을 팔아야 하나. 이것이 그의 고민이다." 이 선거에서 민주당은 이전보다 31석을 더 얻었다. 액설로드는 개인 차원에서 몇몇 선거에 직접 개입하기도 했다. 뉴욕 주지사에 출마한 엘리엇 스피처, 매사추세츠 주지사에 출마한 데발 패트릭을 당선시켰다.

액설로드, 흑인 대통령을 만들어내다

중간선거가 끝나고 이제 남은 건 대선이었다. 액설로드는 2008년 대선에 참여하지 않으려 했다. 왜냐하면 그때까지 민주당 경선에 참여한 후보들과 전부 이런저런 인연을 맺고 있었기 때문이다. 특히 힐러리에게는 남다른 신세를 지고 있었다. 어느 날 액설로드의 딸이 간질epilepsy이라는 판정을 받았다. 액설로드 부부는 같은 고통을 안고 있는 사람들과 함께 '간질 연구를 위한 시민 연대CURE'를 결성했다. 1999년 힐러리는 남편 클린턴이 탄핵 소동에 휘말려 있을 때에도 CURE 모금 행사에 참석했다. 어려운 상황에서도 약속을 지킨 것이었다. 힐러리는 또 정부 기관인 미국 국립보건원NIH이 치료법을 찾기 위한 세미나를 개최하도록 도와주기도 했다. "그것은 간질병을 위해 행해진 일 중 가장 중요한 것 중 하나였다." 액설로드 부인의 말이다. 선택은 하나를 얻고 많은 것을 포기하는 것이다. 액설로드에겐 많은 것을 포기해야 할 만큼 중요하게 소명의식이 느껴지는 선거가 아니었다. 가족들과 더 많은 시간을 보내고 싶기도 했다. 그러나 세상사 어디 뜻대로만 되던가.

당돌唐突이란 말이 있다. 돌突은 개가 개구멍에서 갑자기 뛰쳐나오는 모양을 나타내는 글자로서 '갑자기'란 뜻을 갖고 있다. 당唐은 허풍, 황당, 공허의 뜻을 담고 있다. 갑자기, 느닷없다는 의미도 있다. 사전적 의미를 보면 갑작스럽게 허풍을 떠는 것이다. 당돌이란 단어는 전설적인 미녀 서시西施와 짝을 이뤄 '당돌서시'라는 형태로 처음 사용됐다. 상식적으로 이해되지 않는 과장된 비교를 뜻했다. 옛날 중국 진나라에 주의라는 인물이 있었다. 어느 날 한 친구가 찾아와서는 다른 사람들이 그를 악광에 견준다고 말해주었다. 악광은 진나라의 이름 높은 현인으로 사후에도 존경을 받고 있었다. 주의로서야 기분이 나쁠 것이 없었지만 겸양謙讓하는 마음에 이렇게 말했다. "아니, 자네 지금 무슨 말을 하는 겐가?

내가 어찌 감히 악광 그분에게 비견될 수 있다는 것인가. 마치 무염을 서시에게 빗대는 꼴이지 않는가. 생각해보게나. 그것이 서시에게 얼마나 당돌한 짓인가를….”

서시는 미녀, 무염無鹽은 추녀의 대명사다. 서시는 허리가 가늘고, 얼굴이 아름다운 여성이지만, 무염은 검은 피부, 쑥 들어간 눈에 들창코인 못생긴 여성이다. 이처럼 도대체 비교가 안 된다는 것이 '당돌'이었다. 그것이 변해 이제는 예상을 뛰어넘는 엉뚱한 마음가짐이나 행동을 뜻한다. 오바마가 대통령 선거에 나간다는 것은 통념通念에서 볼 때, '당돌 힐러리' 격으로 얼토당토않은 짓이었다. 그러나 당돌한 짓이 파죽지세破竹之勢의 회오리로 변한 예가 어디 한둘이랴. 2007년 1월 오바마가 당돌하게도 대선 출마를 결심했다. 에멜무지로 출마해보려는 것이 아니었다. 처음부터 이기려고 덤벼들었다. 우려하는 주위의 앞짧은소리엔 아랑곳하지 않았다. 키호티즘quixotism의 발현이었다.

흔히 호시우행虎視牛行을 삶의 지표로 삼는다. 판단은 호랑이처럼 예리하게, 행동은 소처럼 신중하게 조심조심한다는 것이니 나쁘지 않다. 그런데, 이 말은 듣기엔 좋으나 사실 별 실효성이 없는 말이다. 일본식 한자 표현으로 식상한, 우리말로 싫증난 미사美辭요, 여구麗句일 뿐이다. 호랑이의 장점은 신속한 행동에 있다. 소의 장점은 느긋한 처신에 있다. 그렇다면 차라리 '우시호행牛視虎行'이 맞다. 소처럼 어정어정하고 겉꾸림 하다가도 어느 순간 백송고리 생치 차듯 잽싸게 달려들어 낚아채는 것이다. 호시우행은 겉이 번지르르한 말이나, 우시호행은 속이 실살스러운 말이다.

낚시질은 한가한 일이지만 생사여탈권을 쥐고 있으며, 바둑은 맑은 놀이지만 전쟁의 마음이 꿈틀댄다. 『채근담菜根譚』에 나오는 말이다. 낚시나 바둑은 한가한 듯이 보이는 오락이지만 그를 통해서 향후의 승부를 가늠 보는 것이다. 우시호행과 같은 말이다. 오바마는 상원 의원이 된 후 2년 동안 한가하게 세월을 보냈다. 논쟁에 휘말리는 걸 최대한 피하고, 차근차근 정치 경력을 쌓아나갔다. "첫 9개월간 일리노이 주州 밖에서 연설도 하지 않았어요. 토크쇼에도 안 나갔죠. 맡은 일을 게을리하면서 인기만 얻으려는 정치인으로 공격을 받을 수 있기 때문입니다. 오바마한테는 훨씬 큰 야망이 있었죠. 당내 지지 기반을 넓히고 대중의 미움을 사지 않기 위해 신경을 써야 했어요." 상원 의원 시절 비서실장의 말이다. 그러다가 대선이 다가오자 전격적으로 출마를 선언했다. "지금 흑인 대통령을 받아들일 준비가 안 됐다면 내가 죽을 때까지 그럴 거야. 내가 그런 선입견에 도전하겠어." 오바마의 결기決起였다. 오바마의 행보가 우시호행의 전형적인 예다.

오바마가 참모들과 지인들에게 출마 결심을 전화로 알렸다. 인생의 동반자가 출마하는데…, 그것은 액설로드에게 호불호好不好나 유 · 불리를 떠나 무조건 도와줘야 하는 천재지변天災地變이었다. 선택이 아니라 필연이었다. 액설로드는 만사 제쳐두고 뛰어들었다. "삶이 비극인지도 모르겠다. 그러나 내가 미칠 듯이 기뻐하는 그 순간에 집중하는 것이 중요하다." 그의 소회였다. 오바마의 출마는 영혼을 자극하는 역사적인 사건이라고 생각했다. "내가 만약 오바마를 대통령으로 만든다면, 그것은 내 인생에서 정말 위대한 무엇인가를 성취하는 것이라고 생각했다."

결정을 뒷받침하는 갈망이 참모의 몫이다. 소식을 듣자마자 액설로드는 스튜디오로 향했다. 지난 4년간 그는 오바마의 일거수일투족을 일일이 카메라에

담아놓았다. 그걸 이용해 이제 인터넷에 배포할 5분짜리 출마 선언용 비디오를 만들 참이었다. "통상적인 캠페인을 하거나, 지금껏 보던 익숙한 후보로 비친다면 우리는 진다." 이것이 액설로드의 확신이었다. 후보의 인생 역정을 중요시하는 액설로드에겐 후보의 이력履歷 중에서 유권자와 호응할 만한 것을 찾아내는 '스토리 마케팅'에 천부적 재능이 있었다. 인생의 단편들에서 끄집어낸 기본 스토리를 벼리로 삼아 제반 캠페인을 하나로 묶어야 한다는 것이 소신이었다. "액설로드의 장점은 후보의 개인 스토리와 그들이 선거에서 전달하고자 하는 메시지 및 가치를 하나로 연결해내는 것이다." 그의 눈에 오바마는 여느 정치인과 달랐다. 미래를 상징하는 개척자였다. 이것을 드러내는 영상물이 돼야 한다는 게 액설로드의 생각이었다.

그러나 찍어놓은 영상의 대부분은 진부했다. 대부분 정치판에서 오랫동안 애용되던 구닥다리 이미지들이었다. 그렇다고 그만둘 수도 없는 일, 뒤지고 또 뒤졌다. 드디어 뭔가 찾아냈다. 2004년 오바마가 상원에 출마했을 때 찍힌 영상 중의 하나였다. 오바마가 손에 마이크를 들고 커피숍에 있던 몇몇 사람에게 자신을 소개하는 장면이었다. 오바마가 자신이 지역 활동가로 일했던 경험을 얘기했다. 반응이 즉각적이었다. "그래, 기억나요." 액설로드가 보기에 중요한 것은 공감 코드였다. 비록 오바마의 인생에서 중요한 부분은 아니라 할지라도, 사람들은 오바마가 지역에 헌신하기 위해 기업으로부터의 일자리 제안을 거절했다는 사실에 공감했다. 이로써 한 장면은 선택됐다.

액설로드는 시민의 반응을 딴 그림을 활용하는 것을 즐겼는데, 이때에도 거리 인터뷰를 선호했다. "오바마는 희망을 주는 것 같아요. 음… 알다시피 요즘은 뭔가 제대로 돌아가지 않잖아요." 젊은 히스패닉이 한 말이다. 액설로드는 떠듬거리는 말씨, 딸꾹질할 때처럼 중간중간 끊기는 호흡을 좋아했다. "그렇게 진짜로 보이는 것이 사람의 가슴에 닿는다." 또 한 장면이 결정됐다. 비디오를 보는 사람들은 질박한 그림에 매료된다는 것이 액설로드의 생각이었다. 비록 선명하지는 않지만, 오바마가 주 상원 복도에서 노숙자들과 이야기하는 장면을 찾아냈다. 또 한 장면 OK! 어느 햇살 좋은 날, 일리노이 길거리에서 키 큰 오바마가 작고 나이 지긋한 농부의 어깨 위에 손을 얹고, 다정히 걸어가는 모습을 멀리서 찍은 장면도 선택됐다. 비디오의 시작과 끝에는 2004년 민주당 전당대회에서 했던 오바마의 연설 장면을 잘라내 삽입했다. 중간중간에 오바마 부모와 할아버지의 출신 배경, 오바마의 어린 시절 등의 장면도 들어갔다. 작품이 드디어 완성됐다. 이 비디오를 보고 나서 정치인으로서 오바마에 대한 좋은 느낌을 갖도록 하는 것이 본래 목적은 아니었다. 그의 삶에 빠져들어, 그에 대해 알게 되었다는 느낌을 갖도록 하는 것이 목적이었다.

똑똑!

노크 소리가 들렸다. 방 안엔 오바마가 서성이고 있었다. 민주당 전당대회장에서 행할 후보 수락 연설을 연습하고 있던 참이었다. 바쁜데 뭐지?

“룸서비스입니다. 샐러드를 주문하셨는데요.”

딸깍, 마침 문가에 서 있던 오바마가 문을 열어주었다. 그러곤 돌아서서 방 안을 둘러보며 말했다.

“누가 시켰어요?”

방 안엔 연설문 작성자와 액설로드가 있었다. 액설로드가 멋쩍게 손을 들었다. 오바마가 샐러드를 그의 앞에 가져다주었다.

"여기 있어요, 도끼 씨. 미안합니다. 나 때문에 점심도 못 먹었군요."

그런 다음 오바마는 파안대소破顔大笑했다.

이처럼 오바마와 액설로드는 임의로운 사이였다. 믿고 안 믿고를 초월해 그 어떤 어림새도 없는 편한 친구 사이였다. 그들은 둘도 없는 친구, '또 다른 자아alter ego'였다. 액설로드는 오바마 캠프의 캠페인 매니저에 데이비드 플루프David Plouffe를 추천했다. 그는 컨설팅 회사에서 액설로드와 함께 일하는 동료였다. 액설로드는 캠프 내에서 여러 가지 일을 했다. TV나 라디오 광고를 만들었다. 연설문이나 성명서를 썼다. 전략을 짰다. 메시지를 고안했다. 비공식 대변인으로도 활동했다. 액설로드 개인적으로는 자신을 '메시지 파수꾼keeper of the message'이라고 불렀다. "오바마는 뭔가 극적인 효과를 즐기는 사람이 아니다. 일할 때 그런 것을 가진 사람이나 그룹을 찾지 않는다. 액설로드가 오바마에게 제공하는 것은 현실적인 것이다."

민주당이 그간 겪은 실패를 보면서 액설로드는 이렇게 결론지었다. "문제는 정교한 메시지가 아니다.

메신저가 그 메시지를 진정으로 담아내지 못하면 실패한다.” 현대의 캠페인은 정책이나 업적에 관한 것이 아니다. 좀 더 마음에 와 닿는 것이어야 하고, 개인 삶의 내러티브에 기초해야 한다. 이런 것이 후보 중심의 메시지 전략이다. 이런 관점에서 오바마의 주제가 결정됐다. 변화change! 희망hope! 이것이 액설로드가 오바마를 승리로 이끈 첫 번째 비결이었다.

그러나 아무리 애면글면해도 힘든 싸움이었다. 힐러리의 압도적 우세는 계속됐다. 클린턴 재임 시절의 치적이 있었다. 미국의 역사에서 흑인 대통령보다는 여성 대통령이 먼저 나오는 게 순리라는 인식도 광범위했다. 절대 강자 힐러리는 경험을 강조하는 ‘현직자 전략’을 선택했다.

대세론이나 선두 주자가 빠지기 쉬운 치명적 함정이 바로 이런 것이다. 닉슨이 케네디에게 이렇게 하다 졌다. 그들에겐 패착敗着이었지만 액설로드나 오바마에겐 행운이었다. 스탠스stance가 메시지다. 사람들이 변화를 원하고 있을 때에 완전한 ‘워싱턴 인사이더’로 자신을 내세운 건 잘못이었다. ‘미친 군중은 개선이 아니라 오로지 변화만 요구한다.’ 가톨릭

이라는 기성 체제에 도전해 개신교를 일궈낸 혁명가 루터가 말한 경험적 진리다. 오바마의 변화 메시지가 부각될 선명한 예각銳角 구도가 형성됐다.

아무리 그렇다고 하더라도 33%포인트나 뒤져 있는데 금방 효과가 나랴. 시간, 어떤 일이든 필요한 시간lead time이 있어야 하는 법이다. 허나 사람의 마음이 어디 그런가. 조급해지고, 옥셈에 빠지기 십상이다. 생각만큼 지지율이 좁혀지지 않을 때에는 온갖 회의론이 고개를 들기 마련이다. 불신이 알짱거리기 마련이다. 여기저기에서 각종 불만과 대안이 난무하기 마련이다. 뒤진 후보가 선두 후보를 공격하지 않고 느긋하게 변화만 외치는 게 맞는 것일까. 정책에 알맹이가 없고 말만 무성하다고 공격당하고 있지 않나. 전략을 바꿔야 하는 것은 아닌가. 이런 주장이 대두되는 것은 사실 자연스런 현상이다.

그러나 액설로드는 바꾸지 않았다. 한 가지 때문에 이기고, 백 가지 때문에 진다고 했다. 이기는 요인 하나를 잡고 끝까지 가야 한다. 초지일관에 일이관지一以貫之라 변화와 희망 메시지를 고수했다. "오바마는 일종의 '반도叛徒' 스탠스를 취해 지금까지 선거에서 이겨왔다. 따라서 반도 스탠스는 오바마나 액설로드에게 거역할 수 없는 진리였다. 그들은 변화에 집중, 또 집중했다. 그들은 사람들이 여전히 변화를 갈망하고 있다는 데 도박을 걸었다." 후에 백악관 비서실장이 된 람 이매뉴얼의 회고다. 이것이 두 번째 비결이었다.

전략은 견지堅持가, 메시지는 반복이 생명이다. 오바마 진영은 어려울 때에도 후보 중심 전략, 변화 메시지를 계속 고수했다. 2008년 1월 마침내 아이오와 코커스caucas에서 승리를 가져왔다. "오바마는 새로운 걸 주었어요. 영감을 주었습니다. 그러나 힐러리는 기본적으로 일꾼이죠. 법안을 만들고 통과시키는 법을 잘 압니다. 반면 오바마는 시인이에요. 유권자들은, 특히 청년층은 일꾼보다 시인을 좋아하죠." 정치 컨설턴트 매슈 다우드Matthew Dowd의 평이다.

오바마 태풍이 불어닥치기 시작했다. 변화가 제일 중요한 투표 잣대라고 말한 사람이 코커스에 참가한 사람 중 절반을 넘었다. 그중 51%가 오바마를 찍었고, 19%가 힐러리를 찍었다. 힐러리 캠프는 코커스를 채택한 주를 경시하고 프라이머리를 실시하는 주에만 힘을 쏟았다. 그러나 액설로드는 코커스 주를 중시했다. 오바마는 코커스를 채택하고 있는 주 대부분에서 승리했다.

액설로드는 2004년 하워드 딘 경선에서 효과가 검증된 교훈도 잊지 않았다. 국민의 참여를 이끌어내고자 했다. 풀뿌리 조직을 육성했다. 오바마의 홈페이지는 지지자들이 자신의 블로그로 연결하거나, 개인 홈페이지를 만들도록 허용했다. 일반 지지자가 집에서 전화 홍보를 하는 것도 가능하도록 제작했다. 액설로드가 인터넷을 집중 활용한 덕분에 30세 이하의 유권자를 조직하고, 선거 자금 모금에 150만의 개미가 참여할 수 있었다. 힐러리가 고액 기부자, 거물들에게 의존했던 것에 비해 힘은 들었지만 효과는 더 컸다. 한쪽은 오만한 '캠페인campaign'이었고, 한쪽은 평등한 '운동movement'이었다. 캠페인이 의도적인 동원이라면, 운동은 자발적 참여다. 차원이 다르고, 열기가 다르고, 지향이 다르다. 캠페인을 넘어 운동이 된 것, 이것이 세 번째 비결이었다.

액설로드는 다른 사람의 의견을 듣고 존중하는 사람이다. 언제나 자신이 옳은지 걱정하고, 반대되는 입장을 찾아 귀를 기울였다. 덕분에 오바마 팀은 내부 갈등과 틈이 없는 완벽한 팀으로 움직일 수 있었다. 경선 상대편인 힐러리 진영의 계속되는 불화와 대비됐다. 안 되는 캠페인의 선행지표 先行指標 중 하나가 사람이 들고 나는 것이다. 경선 판도의 이상 기류에 당황한 힐러리가 캠페인 매니저를 바꾸는가 하면, 수석 전략가인 마크 펜이 부적절한 처신 때문에 그만두었다. 내부에서는 계속 강·온파 간에 전략이 엇갈렸다. 네거티브 전략을 쓸지 말지 갑론을박했다. 코커스 대회를 무시하는 실수를 저질렀다. 펜은 승자 독식이 아니라 득표에 따라 대의원 수를 나눠 가지는 민주당의 경선 룰에 대해서도 무지했다. 무지는 가장 악의적인 무능이다. 최고의 선수들이 모인 돈 많은 캠프였지만 내용적으론 오합지졸이었다. 이런 점에서 액설로드가 캠페인 매니저 플루프와 더불어, 오바마 캠프가 한목소리를 내면서 일관된 흐름을 유지할 수 있게 한 것이 오바마 승리의 네 번째 비결이었다.

상냥한 최고, 액설로드

사실 2008년 대선은 민주당이 우세에 있었기 때문

에 본선보다는 경선이 관건이었다. 2008년 6월 힐러리가 경선에서 도중하차함으로써 오바마가 민주당 후보로 확정됐다. 민주당 경선에서 아름드리 거목 힐러리를 꺾은 오바마의 기세는 대단했다. 로큰롤 같은 문화적 유행, 빌 게이츠와 같은 시대적 상징이 됐다. 당연히 본선에서의 승리를 장담하기에 충분했다. 실제 여론조사에도 오바마는 계속 앞서갔다.

그러나 칼 로브가 오랫동안 공들여 공화당 우위로 바꿔놓은 정치 지형은 녹록지 않았다. 공화당의 강점은 지지자들의 높은 투표율이었다. 여기에다 흑백 대결이란 인종 변수까지 동원하면 오바마의 승리는 장담하기 힘들었다. 한마디로 흐름은 오바마이나 현실은 낙관을 불허했다. 2008년 9월 공화당이 페일린 Sarah Palin이란 젊은 여성을 맞춤 부통령 후보로 내세우면서 맹추격에 나섰다. 실제로 투표 적극층을 대상으로 하는 조사에선 매케인이 앞서기도 했다. 갤럽 조사에 따르면, 9월 8일 매케인이 10%포인트 앞섰다.

절대 위기! 이 와중에 미국에 금융 위기가 터졌다. 대선 판도에 엄청난 쓰나미가 몰아친 것이다. 9월 14일 리먼브라더스 파산과 메릴린치 매각이 그 시작이었다. 사태를 초래한 책임에서 자유롭지 못한 공화당의 매케인으로선 엉거벌린 채 주춤할 수밖에 없었다. 매케인은 캠페인을 중단하고 정부와 의회 간의 구제금융 법안 협상에 개입하려는 등 우왕좌왕했다. 담방담방 오도방정! 오바마는 처음 그대로 동요 없이 딱 버티고 의연한 스탠스를 취했다. 위기를 넉넉하게 헤쳐나갈 담대한 리더십을 보여주었다. 이로써 사실상 대선은 끝난 것이나 다름없었다.

앞서다가 뒤집히면 약이 오르고, 울화통이 터지기 마련이다. 감정의 부추김에 이성마저 합리적 판단력을 상실하곤 한다. 허나 이럴 때일수록 침착해야 한다. 허둥지둥은 금물이다. 추격당해 뒤집혔을 때에도 액설로드가 예의 변화와 희망 메시지를 고수한 것은 적절한 선택이었다. 30년 넘게 지속한 신자유주의 체제가, 공화당의 통치가 무너져내리는 상황이었다. 국민들은 분노했다. 사람은 슬플 때는 아무것도 하지 않지만 분노하면 변화를 초래한다. 반대 진영으로선 당연히 호들갑을 떨 수도 있었다. 만약 촐싹댔다면 오바마의 무경험만 부각됐을 것이다. 굳세게 버티거나 감당해내는 힘이 뚝심이다. 오바마는 결코 쉽지 않은 뚝심을 보여주었다.

다른 한편에선 액설로드가 강공強攻을 펼치기 시작했다. 광고를 통해 공화당의 매케인 후보의 약점, '경제 문외한이며 부시 정책의 추종자'라는 인식을 유권자에게 각인시켰다. "총싸움에 칼을 들고 가지 말라." 그러나 네거티브 캠페인을 적절하게 활용했을 뿐 거기에 몰입하지는 않았다. "너무 험악한 선거운동은 부작용을 낳는다." 이때 만약 전면적인 네거티브 캠페인으로 갔다면 아마 변화의 메시지는 실종되고, 오바마는 표류했을 것이다. 금융 위기에서도 오바마의 변화 메시지는 제대로 부각되지 않았을 것이다. 오바마의 내공이었고, 액설로드의 빛나는 통찰이었다. 오바마는 일반 투표에서 69,456,897표(52.9%), 선거인단 수에서 전체 538명 중 365명을 얻어, 각각 59,934,814표(45.7%)와 173명을 얻은 메케인을 누르고 승리했다.

액설로드는 하루 종일 전화통을 붙잡고 산다. 아침 일찍부터 저녁 늦게까지 일한다. 일벌레다. 부드럽게 말하고, 상냥한 매너를 갖고 있다. 조용한 스타일이다. 훌륭한 유머 감각으로 자신을 다스린다. 그는 지금까지 150여 개 선거에서 승리를 만들어냈고,

마침내 대선 승리까지 일궈냈다. 그는 자타 공인의 이상주의자다. 자동차 왕 포드가 말했다. "이상주의자는 남들이 번영하도록 도와주는 사람이다." 그런 점에서 그는 지나치게 교활하거나, 혹은 물불 가리지 않는 정치 세계에서는 보기 드문 캐릭터다.

그러나 그에 대한 비판도 있다. 상대방의 이혼 경력을 들춰내 선거 쟁점으로 삼아 승리했다는 지적도 있다. 그가 설립한 컨설팅 회사가 거액을 받고 기업 홍보에 열을 올리고 있다는 비난도 있다. 또 흑인 후보를 백인 유권자에 파는 기술은 있지만 정작 흑인 사회를 유리遊離시키고 있다는 공격도 있다. 그가 사상 처음으로 흑인으로 대통령에 당선된 풋내기 오바마를 역사에 기록될 만한 업적을 남길 위대한 대통령으로 만들어낼지는 두고 볼 일이다. 선거와 통치는 다르기 때문이다. 그는 대통령의 선임 고문senior advisor to the president으로 임명돼 오바마의 미국을 조타하고 있다.

부시 대통령의 참모 칼 로브는 미국을 분열시켰다. 보스 부시는 최악의 대통령으로 쓸쓸하게 물러났다. 참모 액설로드, 미국을 멋지게 바꿔놓기를 기대해본다. 링컨의 통합, 루스벨트의 개혁을 계승하면 좋겠다. 그와 보스 오바마가 워싱턴 여행을 끝내는 날, 박수 속에 웃으며 백악관을 떠날 수 있기를….

엑설로드의 참모 멘토링mentoring

VOICEYE voiceye.com KOR

- 성패成敗를 화두로 삼지 말라. 시대를 움직이고, 역사를 만든다고 생각하라. 당장 이기고 지는 것에 매몰되면 이기고도 결국 지게 된다. 이긴 다음 뭔가 바꾸기 위해 승리하는 것이다. 승리가 되레 짐이 되지 않게 해야 한다.

- 돈키호테Don Quixote의 용기, 시시포스Sisyphos의 고역苦役을 잊지 말라. 불가능은 '지금 여기 없다'는 뜻일 뿐이다. 용기를 내 두드리고 인내로 참아내면 꿈이란 놈이 어깨동무하고, 행운이란 년이 팔짱 끼며 뱅그레 웃을 것이다.

- 같은 이슬을 먹어도 뱀은 독을 만들고, 벌은 꿀을 만든다. 승리하는 법을 배우는 데 주저하지 말라. 이기는 기술을 익히는 데 머뭇거리지 말라. 내가 비록 활용하지는 않더라도 알아야 대처할 수 있다. 또 필요하면 이용해야만 한다.

- 인생은 과정이다. 지금의 모습에 맞춰 그 사람을 대하지 말라. 처음부터 큰 나무는 없다. 대저 사람에 대한 투자가 가장 큰 투자 아니던가. 애옥한 삶에 투자하고, 어린나무에 정성을 쏟으라.

- 많이 들으라. 한 입으로 말하고, 두 귀로 들으라고 했다. 경청은 참모의 기본 책무다. 관찰은 참모의 기본 의무다. 말귀를 밝게 하고, 눈여겨봐야 제대로 어드바이스할 수 있다.

3

날건달 유방을 한 제국의 황제로 만든 고금 최고의 전략가

장량 & 유방

전투가 부분이라면 전쟁은 전체다. 전투에서 이기고도 전쟁에서 질 수 있다. 하나하나의 전투에 급급하기보다는 전쟁에서 이길 수 있도록 구도를 잘 관리해야 한다. 장량이 그랬다. 유방과 항우 간의 천하쟁패에서 유방은 연전연패했다. 그러나 항우가 전투에서 이기고 지는 것에 매몰되어 있을 때, 장량은 시대의 저류底流에 흐르는 민심을 얻으려 했다. 그것이 날건달 '형님' 유방을 중원의 지배자로 만든 비결이었다.

참모의 대명사, 장량

장량張良에게는 허름한 신화가 하나 따라다닌다. 『사기』에 나오는 이야기다.

어느 날, 장량은 산책을 나갔다. 다리 부근에 이르렀는데 남루한 옷의 노인이 다가와서, 일부러 신발을 벗어 다리 아래로 던졌다. 그리고는 턱으로 다리 아래를 가리키며 장량에게 말했다.

"이봐! 내려가서 저걸 좀 주워 와."

장량은 화가 치밀었다. 하지만 숨어 사는 주제에 쓸데없이 소란을 일으키는 것은 피하고 싶었다. 게다가 상대가 노인이었다. 뒤틀린 속내를 숨기며 장량은 노인을 쳐다보았다. 비쩍 마른데다 표정이라고는 전혀 없었다. 뭔가 탈속脫俗의 분위기, 청량한 기운이 느껴졌다.

장량은 다리 아래로 내려가 신발을 주워 노인에게 주었다. 장량이 몸을 틀려는 순간 노인이 말했다.

"신겨라."

노인이 한쪽 발을 내밀었다. 기왕에 내친걸음 아닌가. 장량은 자연스럽게 몸을 굽혀 노인의 발에 신발을 신겼다.

'어쭈. 이 녀석 보게. 제법이네.' 장량의 몸짓을 지켜보면서 보일 듯 말 듯 미소를 짓더니, 노인은 어기적어기적 천천히 사라졌다.

백여 발자국 남짓 걸어가던 노인이 이내 돌아와 장량을 불렀다.

"보아하니 장래성이 있는 놈이야. 닷새 후에 이 자리에 나오도록…."

"예."

엉겁결에 장량이 머리를 숙이자 노인은 만족스런 표정을 지었다.

장량이 노인의 말을 믿은 건 아니었으나 호기심이 일었다. 장량은 닷새 후 이른 아침 다리로 나갔다. 하지만 먼저 나와 있던 노인이 눈을 부라리며 냅다 호통을 쳤다.

"늙은이를 기다리게 하다니 무슨 버르장머리야!"

그리곤 휙 돌아서서 일갈했다.

"닷새 후에 다시 이 자리로 와."

다시 닷새 후 장량은 첫닭 우는 소리와 동시에 그곳에 나타났다. 그러나 이번에도 역시 노인이 먼저 와 있었다.

"또 늦었어! 닷새 후에 또 한 번 오라구."

이번에도 노인은 그냥 돌아가 버렸다. 다시 닷새가 지났다. 장량은 잠도 자지 않고 아예 밤부터 다리에서 기다렸다. 잠시 후 노인이 나타나 장량에게 책 한 권을 건네주었다. 책의 제목은 『태공병법太公兵法』이었다.

노인은 말했다.

"이 책을 공부하면 훗날에 남을 도와 제왕의 위업을 달성할 수 있을 것이네. 13년 후에 자네는 필경 세상을 뒤흔드는 인물이 돼 있을 터이니, 그때 우리 다시 만나세."

도대체 왜 사마천은 사실을 기록한 역사서 『사기』에 이런 허황된 에피소드를 실었을까? 이 짧은 에피소드가 주는 메시지가 결코 허술하지 않기 때문이다. 우선 장량이 몸을 철저하게 낮추었다는 점이다. 이름 모를 노인이 느닷없이 신발을 던져놓고 주워 오라고 하고, 경우 없이 그 신발을 신기라고 하고, 약속 시간에 조금 늦었다고 종작없이 다시 나오라고 하는 등의 무리한 요구에도 장량은 참고, 또 참았다. 감정을 다스리는 것이 바로 극기다. 리더가 아니라 그림을 그리고 옵션을 따지는 참모라면 감정의 포로가 되는 건 금물이다. 이 에피소드가 주는 메시지도 마찬가지다. 감정을 컨트롤하고 불편함을 견뎌내는 냉정함, 이것을 가져야만 최고의 참모가 될 수 있다는 것이다. 소동파도 이때 다리 위의 노인이 가르친 것은 냉철함이라고 해석하고 있다.

다른 하나는 일면식도 없던 남루한 노인의 불합리한 지시에 장량이 순순히 응했다는 점이다. 치세治世도 가끔 그렇지만 난세에는 특히 예상치 못한 변수나 요인에 의해 대세가 좌우되기 마련이다. 전쟁학에서 말하는 이른바 '불확실한 전환 요인hinge factor'이다. 그러나 사실 어떤 일이든 예상대로 진행되는 경우란 극히 드물다. 따라서 이러한 돌발 변수의 출현 그 자체는 큰 문제가 아니다. 문제는 모른 척 외면하거나, 소홀히 다루는 것이다. 장량이 옷깃을 스친 인연조차 없는 사람으로부터 얼토당토않은 명령을 받고서도 묵묵히 따랐다는 사실을 통해 무릇 참모라면 예상치 못한 변수가 발생하더라도 모른 체해서는 안 된다는 메시지를 담고 있다.

대개 참모들은 똑똑할수록 자신이 전체 국면을 제대로 읽고 있다는 자부심을 갖기 마련이다. 그러다 보면 그 자부심이 아집으로 변해 우연히 맞닥뜨리게 되는 돌발 변수나 어떤 기미, 징후를 하찮게 생각한다. 아무리 지성이 뛰어나고, 경험이 풍부하다고 하더라도 모든 요인이나 변수를 다 예측하거나 맘대로 통제할 수 없다. 착각이요, 헛된 생각이다. 아무리 탁월한 천재라고 할지라도 상황이, 인간이, 혹은 역사의 신이 뒤엉켜 만들어가는 불가측의 난상亂相을 인정하고 받아들여야 한다. 장량의 에피소드는 그것을 말하고 있다. "보고자 태어났고, 관찰하도록 운명 지어졌다." 괴테의 이 말도 같은 맥락이다.

장량이란 이름은 참모 중의 참모, 참모의 대명사이다. 그 이름은 고유명사가 아니라 불가일세不可一世의 참모를 뜻하는 일반명사가 됐다. 장량은 중국역사의 거대한 물줄기를 바꾼 기획자요, 절대 열세의 판세를 뒤집은 최고의 전략가였다. "군정을 분석해 진중에서 계책을 꾸며 천 리 밖의 전투에서 승리를 거두는 데는 장량을 따르지 못한다." 장량에 대한 보스 유방의 평가다.

장량의 외모는 미모의 여자와 같았다고 한다. 몸은 화사하고 병약했다. 투명하게 보일 정도로 새하얀 볼은 여장을 하면 그냥 미모의 여성으로 변해버릴 정도로 고운 용모였다. 그의 마음도, 예지도 용모만큼이나 해맑았다.

장량이 놀던 무대는 위대한 폭군 시황제의 진秦

제국이 무너지는 시점, 이른바 초한쟁패의 시대였다. 유방과 항우가 격돌한 난세였다. 그는 건달 유방을 리더로 선택했고, 그를 황제로 옹립했다. 연전연패, 지는 데 이골이 난 유방을 한漢 왕조의 창업자로 만들었기에 최고의 명성은 당연하다.

그런데 장량이 과연 신출귀몰한 계책을 쏟아냈던 책사인가. 대체로 이렇게 이해되고 있지만, 사실은 아니다. 장량은 책략의 귀재이기는커녕 오히려 둔했다. 장량이 유방을 도와 승리로 이끈 전투는 극소수의 경우에 불과했다. 장량은 민심을 얻는 정치에 매진하고 전체 대국을 관리한 전략가로 보는 게 옳다.

장량.

자는 자방子房으로 전국시대 한韓나라의 귀족 출신이었다. 한나라는 전국시대 7웅의 하나였다. 그의 할아버지는 3명의 한왕韓王을 모신 재상이었고, 부친도 2명의 한왕을 보필한 재상이었다. 기원전 230년, 한나라가 진시황에 의해 이른바 7웅 중 제일 먼저 멸망할 당시 장량의 집안은 가솔이 3백 명에 이를 정도로 재산도 풍족했다. 장량은 조국 한나라를 다시 일으키고자 했다. 이를 위해 진시황을 암살하기로 작정하고, 많은 재산을 모두 처분해 자객을 모으기 시작했다.

마침내 기회가 찾아왔다. 시황제가 동방을 순행하던 참이었다. 시황제의 행렬이 박랑사에 다다랐을 때, 장량이 고용한 힘센 역사가 철퇴를 던졌으나 실패했다. 옆 수레를 맞힌 것이었다. 이때가 기원전 218년이었다. 격노한 시황제가 수배령을 내리자 하비下邳로 숨어들었다. 장량은 이때부터 부모가 물려준 희姬씨 성을 버리고 장張씨로 바꾸었다. 남루한 노인을 만난 것도 이 하비에서였다.

여조과목如鳥過目에 오비토주烏飛兎走라 세월이 발걸음을 재촉했다. 장량이 하비에서 노인과의 이상한 만남을 겪은 지 어언 10년이 지났다. 천하는 혼란으로 빠져들고 있었다. 기원전 210년, 사상 처음 대륙을 통일한 위대한 폭군 진시황이 죽었다. 시황제가 죽자 진승 · 오광이 가장 먼저 반란의 기치를 쳐들었다. 진승은 '왕후장상의 씨가 따로 있다더냐'고 외쳤다. 10년을 숨어 지내며 다시 복수의 기회를 엿보던 터라 장량도 하비 부근의 젊은이 백여 명을 끌고 진승의 반란군에 가담하기 위해 길을 떠났다. 하지만 도중에 자칭 황제라던 진승이 패했다는 소식을 듣게 됐다. 진승을 대체한 경구 밑으로 들어가기 위해 다시 이동하던 중 숙명처럼 유방을 만났다. 기원전 208년의 일이다. 유방劉邦은 패沛 지방에서 '패공'이라는 이름으로 수천 명의 소집단을 거느리고 있었다.

이들의 만남에 대해 사마천은 이렇게 적고 있다.

"모든 사람들이 장량의 말을 귀담아듣지 않았는데, 오직 유방만이 그를 높이 평가하고 따르자 장량이 '패공은 거의 하늘이 내린 인물이다'라고 했다."

둘은 배포가 맞았다. 식자와 한량이라, 서로 다른 부류였기에 그들은 더 상대에게 끌렸다. 유방은 장량의 조리 있는 설명과 구상에 매료됐다. 장량은 열심히 듣는 유방을 보면서 거대한 독에 물을 부어 채우는 듯한 쾌감을 느꼈다. 간과 쓸개가 상조하듯 통하는 사이가 됐다. 장량은 유방의 객으로 대접받았다. 하지만 유방과 장량이 함께 대륙을 질주하는 시대가 열리기 위해서는 좀 더 세월이 필요했다. 이즈음 난세의 주역은 항량과 항우였다. 장량과 유방은 아직 웅비라는 단어조차 떠올리기 힘들 정도로 구석의 이름 없는 필부에 불과했다.

건달 유방 vs 장군의 아들 항우

유방은 어떤 인물인가?

놈팡이 건달이다. 돈벌이도 할 줄 모르고, 그렇다고 학문을 하는 것도 아닌 진짜 날건달이었다. 재주라곤 '사람 끄는 힘', '너그러운 인격', 용안龍顔이란 말의 유래가 되는 '오뚝한 콧날에 용을 닮은 얼굴'뿐이었다. 유방은 중원 문화의 영향이 거의 미치지 않는 벽지僻地 패현沛縣에 위치한 농촌 집안의 막내로 기원전 247년에 출생했다. 방邦이란 이름도 형 또는 언니를 부를 때 쓴 방언이다. 유방 즉 '유 형님'이란 말처럼 그의 정체성이나 인격을 잘 나타내주는 말도 없다. 유방은 재주도 없고, 가진 것도 없었으나 타고난 형님이었다. 태생이 미약하거나, 재주가 비천해도 리더가 될 수 있다. 풍채가 작거나, 못 생겨도 리더가 될 수 있다. 그러나 다른 사람을 품을 수 있는 그릇, 그들의 충성을 이끌어낼 수 있는 배포가 없으면 결코 리더가 될 수 없다. 유방이야말로 리더의 전형이다.

유방은 하는 일도 없이 개고기 장사꾼 번쾌, 마구간 잡역부 하후영, 장례식의 나팔수 주발, 비단 장수

관영 등을 몰고 다니면서 술이나 계집질로 소일했다. 그런데도 패현의 하급 관리였던 소하蕭何와 조참은 그런 유방을 열심히 따랐다. 술만 먹으면 '나는 용의 아들이다'라고 외치는 허풍쟁이에다가 빈털터리인 유방을 이처럼 사람들이 형님으로 모시는 것이 곧 유방이 가진 불가사의한 힘이었다. 진 제국의 법가 통치로 인해 숨 막혀 하는 세상이었기에, 사람들이 자못 그리워하는 하나의 인물상이 곧 규격이나 형식을 초탈하는 넉넉한 인물됨이었다. 이런 까닭에 무일푼 거나리 유방이 골목대장이 될 수 있었다.

유방은 서른 살에 관리로 채용됐다. 자리는 정장亭長이었다. 정장은 관리들의 숙박 시설인 정亭을 책임지고, 경비 업무도 맡아 보는 말단 관리였다. 유방이 40세의 나이에 거병해 열다섯 살 어린 항우와 천하를 놓고 쟁패하게 되는 것도 유방이 정장으로 있었기에 그 시작이 가능한 것이었다. 유방은 정장으로서 여산에 시황제의 능묘를 만들기 위해 동원되는 죄수들을 인솔해 가게 되었다. 가혹한 세금에 시달리고, 이제는 노역까지 해야 하는 까닭에 인부들은 중간에 슬슬 도망을 가기 시작했다. 처음 출발할 때 5백 명이었으나 나흘 만에 절반으로 줄어들었다. 책임자로 처벌이

두려웠던 유방은 십여 명을 이끌고 도망쳐 패 지방의 늪지대에 숨어들었다.

진승과 오광이 일으킨 반란의 회오리바람은 패현에도 미쳤다. 광부의 소하, 조참과 내통하던 유방은 현령을 죽이고, 백여 명의 부하들을 이끌고 입성해 패공의 자리에 올랐다. 그리고는 패의 자제 2천여 명을 이끌고 난세에 뛰어들었다.

역발산기개세力拔山氣蓋世의 항우!

항우의 우羽는 자이며, 이름은 적籍이다. 항우는 스무 살 즈음에 키가 8척(약 184cm)이나 될 정도로 당당한 몸태를 가지고 있었다. 항우는 막내 숙부인 항량項梁의 손에 자랐다. 항량은 초나라의 장군 항연의 아들이다. 항연은 진이 강성해지고, 나머지 6국이 쇠약해졌을 때 초나라 군대를 지휘하면서 어렵게 나라를 지탱했다. 때문에 초나라 사람들에게 항연은 반진反秦 정서의 상징, 민족적 우상이었다. 진나라 2세 황제 원년 7월, 항량과 항우는 거병했다. 이때 항우의 나이 스물넷이었다.

그들은 강남 지역을 일통하고 내실을 다진 뒤 장강을 넘어 북진했다. 연전연승을 거듭하며 병력을 키운 그들에게 범증范增이 찾아와 책사를 자임했다. 70세의 노인 범증은 단 한 번도 벼슬을 하지 않은 재야인사로, 스스로 초나라의 유민遺民임을 자처했다. 초가 다시 일어서는 모습을 두 눈으로 보고 죽는 것이 그의 소망이었다. 범증은 항량을 만나 오랫동안 품어온 방략方略을 펼쳤다.

"일찍이 초나라의 예언자 남공南公이 '비록 초나라가 세 가구 정도밖에 남지 않을 정도로 쇠퇴한다고 할지라도 반드시 진나라를 쳐 없앨 것이다'라고 말한 것은 적개심에 가득 찬 초나라의 민심을 알고 있었기 때문입니다. 진승은 모처럼 반란의 선수를 잡았으면서도 초나라의 자손을 세우지 않고 스스로 왕이 되었기 때문에 실패한 것입니다.

당신이 군사를 일으키자 초나라 각지에서 일어선 사람들이 앞을 다투어 몰려왔습니다. 그것은 당신이 초나라 장군의 집안에서 태어난 사람인데다가, 초나라를 재건시켜줄 것이라고 기대하기 때문입니다. 장군께서는 이 점을 잊지 않으셔야 합니다."

범증이 건의한 전략 구상은 초나라의 강력한 반진反秦 정서를 이용해야 하며, 이를 위해서는 초나라

왕의 자손을 왕으로 세워야 한다는 논리였다. 기원전 208년, 초나라 회왕이 세워졌다. 유방도 합류했다. 이때 장량은 항량에게 한나라의 재건을 청했다.

"초왕의 후계자를 결정하셨으니, 이번에는 한왕韓王에 대해서도 배려가 있으시기를 바랍니다. 한나라 제후 가운데는 성成이 걸출한 인물입니다. 그분을 한왕으로 세우신다면 우리 세력은 보다 강화되리라고 믿습니다."

항량은 성을 한왕에 옹립한 후 장량을 재상에 임명했다. 장량은 한왕 성을 내세운 공으로 천여 명의 병사를 얻었다. 그는 유방을 떠나 직접 병사를 움직여 한나라의 성 몇 개를 손에 넣었다. 병약하고, 가냘픈 몸매의 장량이 실전에 참여한 것은 그것이 처음이었다. 하지만 얼마 지나지 않아 얻은 성도 금방 잃어버리고 말았다. 그러나 장량은 유격전으로 계속 버텼다.

유방과 항우가 진류성을 공략하던 중 항량이 전사했다. 항우는 팽성彭城에 자리를 잡고, 우이에 있던 회왕을 불러들였다. 회왕은 모든 제후, 장수들이 모인 자리에서 이렇게 말했다. "장수들은 역량을 발휘해 진과 싸우라. 먼저 관중에 들어가는 장수를 관중왕으로 삼을 것이다." 관중은 진의 수도 함양이 위치한 땅이다. 진 제국 타도를 공개 천명해 이미 멸망한 여섯 나라의 유민을 한데 모으려는 속셈이었다.

작전 회의를 열었다. 초나라의 주력부대는 북방 조나라의 거록으로 가 진나라의 주력부대와 일전을 벌이는 것에 모든 운명을 걸기로 했다. 상장군은 회왕의 총신 송의宋義, 차장군은 항우가 맡았다. 그리고 별동대를 따로 편성해 서쪽으로 직진해 관중으로 밀고 들어가도록 했다. 이는 수비가 허술한 관중의 허점을 찌르고 들어감으로써 거록에 주둔하고 있는 진나라의 주력군을 분산시키려는 계산 때문이었다. 별동대의 장군에는 유방이 임명됐다. 항우를 견제하려는 송의와 회왕의 속셈 덕분이었다. 이제 유방은 골목대장이 아니라 어엿한 장수의 반열에 올라서게 됐다.

20만을 생매장하고 어찌 민심을 얻을 것인가

항우는 사람 간에 얽힌 인연의 사슬, 발목 잡는 명분의 허울을 생리적으로 싫어했다. 그는 싸움 그 자체를 좋아하는 우직한 인물이었다. 그런 그에게 모사꾼 송의는 눈엣가시였다. 송의는 사사건건 항우를 견제했다. 거록으로 진격하던 중 송의가 제 아들을 제나라의 재상에 앉히기 위해 사적으로 밀통했다. 항우가 이를 빌미로 송의를 처단하고 단숨에 대권을 장악했다. 거추장스런 떨거지들을 쓸어내고 명실 공히 1인자가 됐다. 거록을 향하는 항우의 군대는 7만, 거록을 지키고 있는 진나라 군대는 30만 대군이었다. 그러나 파죽지세, 항우는 다른 제후들의 도움을 거의 받지 않은 채 30만 대군을 일거에 무찔러 버렸다. 진나라를 격파한 뒤 항우는 제후의 대장들을 초청했다. 위세 진천, 초군의 군문을 통과할 때 그들은 모두 무릎걸음을 걸어야 했다. 기고만장, 아무도 그 앞에서 똑바로 고개를 쳐들지 못했다.

거록에서의 승리!

이것으로 항우는 천하를 거의 움켜쥔 것이나 다름

없었다. 하지만 싸움만 알았지 정치를 몰랐던 항우는 여기서 어처구니없는 만행을 저지르고 말았다. 사로잡히거나 항복한 20만 진나라군이 초나라군의 행패에 반발하는 조짐을 보이자, 항우는 이들을 신안에서 계곡으로 밀어 넣어 생매장했다. 진나라군의 총수였던 장함, 장사흔, 동예만은 살려주고, 그 뒤에도 계속 중용했다. 무려 20만을 묻어버렸으니 세계사에 유례가 없는 대학살이었다. 이것으로 항우의 운명은 이미 정해진 것이나 다름없었다.

용병지도 공심위상用兵之道 攻心爲上이라고 했다. 『삼국지』에 나오는 말이다. 그렇다. 사람의 마음을 공략하는 것이 곧 병법의 요체다. 20만을 죽이고서 어떻게 천하의 민심을 얻을 수 있겠는가. 이런 일을 막아야 할 참모 범증이 오히려 대학살에 적극 가담했다는 사실은 그가 시대의 소명을 감당할 기획자로서는 애당초 못 미치는 인물이었음을 보여준다. 중구삭금衆口鑠金이란 말이 있다. 여러 사람의 말은 쇠도 녹인다는 뜻이다. 20만의 망자와 인연이 닿아 있는 수많은 가족, 친구, 친척, 지인들이 한입으로 떠드는데 항우가 무슨 재간으로 견뎌낼 수 있으리오.

항우가 거록에서 대승을 거둘 무렵 유방은 별동대

를 이끌고 서진하고 있었다. 길목마다 진 제국의 성들이 즐비하게 늘어서 있는데, 불행하게도 유방의 군대는 잡군에 불과했다. 사기도 높지 않았고, 수적으로도 변변치 못했다. 때문에 유방은 북으로 갔다 남으로 갔다 하면서 흐느적거리며 기신기신 서쪽으로 나아가고 있었다. 유방이 환원에 이르렀을 때, 장량은 한나라 땅을 떠나 유방과 합류했다. 기원전 207년의 일이다. 이제는 '객'이 아니라 참모로서 작전에 깊숙이 관여하기 시작했다.

장량은 분위기 쇄신이 필요하다고 판단했다. 이를 위해서는 작은 전투에서라도 이겨보는 승리의 경험이 절실했다. 목표는 자신이 잘 아는 한나라 땅으로 정했다. 한나라의 작은 성들을 공략함으로써 적을 동요시키는 한편 유방군의 전력을 보강하고, 아군의 사기도 높일 수 있다는 계산이었다. 이처럼 장량은 기책奇策을 좋아하지 않았다. 수많은 변수들을 충분히 검토한 뒤, 얻을 수 있는 목표에 집중하는 등 지극히 합리적인 전략을 구사했다. 덕분에 유방은 한나라의 10여 개 성을 점령했다.

남들과 똑같이 생각하면 유능한 참모가 아니다. 남들이 못 보는 걸 봐야 하고, 남들보다 한발 앞서

봐야 한다. 다른 이들이 못 듣는 걸 들어야 하고, 작은 소리도 놓치지 않아야 한다. 또 전체에 대한 조망을 한시도 놓쳐서는 안 된다. 장량은 관중이 있는 서쪽으로 곧장 가는 직진 코스를 저지했다. 대신 남쪽으로 일단 내려가는 남하南下 코스를 제안했다. 세력을 좀 늘려서 관중으로 쳐들어가자는 논리였다. 그에 따라 유방은 계속 남하해 남양성에서 진 제국의 군대를 물리쳤다. 유방이 이 승리를 계기로 관중 진입을 위한 서진西進을 명하자 장량이 다시 제지했다. 장량은 더 남하해 완성을 공략해야 한다고 주장했다. 지금 당장 관중으로 들어서면 그 길목을 지키는 진 군대와 맞붙어야 한다. 그때 후방의 완성에 있는 진 군대가 뒤에서 협공하면 유방군이 험로에 갇히게 된다. 이런 점을 우려한 까닭이었다. 유방은 장량의 전략을 수용해 완성을 공격했다. 완성을 점령한 후에야 비로소 장량은 서진을 허락했다.

드디어 관중 땅에 들어섰다. 유방군은 저항하는 진군을 가차없이 쳐부수고, 군사시설을 파괴했다. 참으로 냉혹했다. 진나라 군대가 항우군에 비해 유방군을 깔보는 고정관념을 바꿔놓으려는 생각 때문이었다. 신뢰는 무기를 이긴다고 했다. 사람과 민심이 텍

스트text고, 재물과 보화는 레퍼런스reference일 뿐이다. 때문에 답은 언제나 공심위상이다. 장량은 유방으로 하여금 명을 내려 병사들이 진나라 백성의 재물을 강탈하거나, 생명을 빼앗는 일을 철저히 금하도록 했다. 진나라 백성의 공포심을 완화시키려는 의도였다. 항우의 '신안 사건'과 비교할 때, 이 얼마나 위대한 차이인가.

유방의 소탐小貪이 불러온 대실大失

관중에 들어선 지 한 달이 지났다. 마침내 유방은 진 제국 수도 함양의 지척에 있는 패상覇上에 이르렀다. 기원전 206년 10월이었다. 진 황제는 패상에 사자를 보내 무조건 항복했다. 진 제국은 허무하게, 너무나 허망하게 무너졌다. 그 책임은 조고의 농간에 넘어간 제국의 건설자 이사에게 있었다. 황제를 죽여야 한다는 주장도 있었으나 유방은 듣지 않았다. 관중의 민심을 얻으려는 장량의 구상에 따른 것이었다.

승리자 유방은 위풍당당하게 함양의 궁전으로 들

어섰다. 궁전에는 보물과 여자가 넘쳤고, 모든 게 화려하고 풍성했다. 유방은 궁전에 머물고 싶었다.

장수 번쾌가 외쳤다.

"불가합니다."

"흥!"

유방은 콧방귀를 뀌었다. 이긴 놈으로서 빼기고 싶은 마음도 있고, 어차피 놀기 좋아하던 유방 아니던가. 장량이 나서지 않을 수 없었다. 에둘러 말하지 않고 직언했다. 직언하지 못하면 참모란 단지 수하에 불과할 따름이다.

> "이제까지 진나라가 무도한 짓을 저질렀기 때문에 우리가 이곳까지 쉽게 올 수 있었습니다. 아직 천하가 평정되지도 않았고, 진나라를 완전히 격파하려면, 진나라와 반대로 공께서는 마땅히 검소하게 입고 먹는 것으로 만족하셔야 합니다. 함양을 빼앗았다고 해서 보물과 미녀에 눈이 멀어 음란에 빠지면 걸왕보다 더 포악한 짓을 했다고 욕할 사람도 생길 것입니다. 충언은 귀에 거슬리나 실행함에 이로우며, 좋은 약은 입에는 쓰나 병을 고친다고 말합니다. 제발 번쾌의 권유에 따르십시오."

유방은 들을 줄 아는 인물이었다. 그는 패상으로 돌아가 군사들과 함께 야영을 했다. 그곳에서 포고령을 내렸다. 핵심은 법삼장法三章이었다.

"우선 법은 세 가지만 정한다. 즉, 사람을 죽인 자, 사람을 상해한 자, 도둑질한 자는 처벌한다는 것이다. 그 외에 진나라가 정한 모든 잔인하고 복잡한 법령들은 모두 즉시 폐지한다."

유방은 백성에게 이 취지를 널리 알리게 했다. 진제국의 철통 같은 법가 통치에 짓눌려온 터라 사람들은 이 조치를 환영했다. 어떤 사람들은 군사들을 대접하기 위해 고기와 술, 음식 등을 가지고 왔으나, 유방은 정중히 거절했다. 유방의 인기는 날로 높아졌다. 구르는 눈덩이처럼 순식간에 불어나는 것이 환호성이다. 유방을 왕으로 추대하자는 여론도 생기기 시작했다. 유방과 왕이란 단어를 하나로 묶어서 생각하게 된 것이 가장 큰 성과였다. 이것은 향후 유방이 겪게 될 숱한 위기와 험로에서 재기할 밑천이 돼주었다.

유방의 이런 행보는 장량의 '민심 얻기' 전략에 의한 것이었다. 장량이 다리 위 노인에게서 받은 병법서에는 이런 글귀가 있었다. "나라가 다스려지고 집안이 평안한 것은 사람의 마음을 얻었기 때문이요, 나라가 망하고 집안이 몰락하는 것은 사람의 마음을 잃었기 때문이다治國安家 得人也, 亡國破家 失人也." 범증은 20만을 매장해 실인失人했고, 장량은 안민 정책으로 득인得人했다. 범증이 얕은 초식의 참모라면, 장량은 깊은 내공의 참모라 하겠다.

화禍와 복福은 들어오는 문이 같고, 이利와 해害는 솟아나는 터가 같다고 했다. 찬란한 승리의 순간에 위기의 독연毒煙은 슬그머니 스며든다. 항우가 들어서면 함곡관으로 나아가 상장군을 맞이하는 게 유방의 도리였다. 어떤 이가 함곡관을 봉쇄해 주력군을 이끌던 항우의 입성을 막자는 안을 냈다. 옳다구나, 유방이 덥석 받아들였다. 소수의 병력을 보내 함곡관을 봉쇄했다. 어쩌자는 것인지…. 이참에 항우와 건곤일척의 승부를 내려는 것이라면 소수의 병력을 보낼 게 아니었다. 전 병력을 배치해야 했다. 승부를 보자는 것도 아니고, 환영하는 것도 아니었다. 엉거주춤, 이도 저도 아닌 최악의 수였다. 결국 유방은 항우의 입성을 막지도 못하고, 그의 불 같은 성질만 건드리고 말았다.

위기의 순간, 장량은 무엇을 하고 있었을까? 그즈음 그는 뒤에 조용히 물러나 있었다. 입을 닫고 관망했다. 진 제국 멸망이라는 복수의 일념이 성취되자 진한 허탈함이 찾아왔다. 어차피 유방은 복수를 위해 선택한 사람이었다. 그에게 민심을 선물한 것으로 보답은 충분히 한 것이었다. 유방을 좋아하기는 했으나 그 깜냥에 대해서는 아직 확신이 서지 않았다. 다음에 뭘 해야 할지 곰곰이 헤아렸다. 한가로이 모든 것을 천명에 맡긴 채 상황이 굴러가는 모양새를 물끄러미 지켜보고 있었다. 장량의 몸과 마음은 태허太虛 즉 '텅 빔' 그 자체였다. 그 틈에 유방은 사지로 슬금슬금 들어가고 있었다.

항우가 길목을 봉쇄한다고 순순히 물러날 위인인가. 항우는 간단하게 함곡관을 돌파해버렸다. 순식간에 함양을 향해 짓쳐들어 홍문鴻門에 둥지를 틀었다. 항우는 40만 대군, 유방은 10만, 이미 승부는 빤한 것이었다. 절체의 위기이자 절명의 기로! 죽기를 각오하고 최후의 일전을 벌일 것인가, 아니면 잠시 양보하고 후일을 기약할 것인가? 유방은 여전히 가타부타 결정을 못하고 어리벙벙하고 있었다. 장량이 더 이상 관망할 수 없을 정도로 사태는 악화됐다.

지피지기知彼知己면 백전백승百戰百勝이란 말은 병서에 없는 말이다. 그러다 보니 오해가 생겨났다. 원문은 백전불태百戰不殆다. 백전백승과 백전불태 사이에는 중대한 차이가 있다. 상대를 알고 나를 알면 반드시 이기는 게 아니다. 최소한 지지 않는다는 말이다. 결코 표현을 겸손하게 한 것이 아니다. 잘 준비하면 필연적으로 승리가 주어질 것이라는 생각은 착각이거나 오만이다. 승리라는 결과를 낳으려면 지피와 지기뿐만 아니라 여타의 요인까지 다 맞아떨어져야 한다. 그러나 패배는 내가 어떻게 하느냐에 달렸다. 피아彼我의 역량을 제대로 파악해, 적절하게 대응하면 끝내 패배는 면할 수 있다. 병서가 말하고 싶은 것은 이것이다. 오해는 또 있다. 여기서 백전은 백 번 싸운다는 뜻이 아니다. 다양한 형태의 전투를 말하는 것이다. 야전, 공성전, 시가전, 지구전 등 전투 형태는 수없이 많다.

이 말의 다른 메시지는 지피知彼보다 지기知己가 중요하다는 것이다. 즉, 상대를 가늠하기보다 자신을 알기가 더 어렵다는 것이다. 자신에게 냉정하기란 쉽지 않기 때문이다. 허나 자신에게 너그러우면 화를 자초하는 법이다. 장량은 피彼를 따지고, 아我를 점검했다. 병력상의 열세도 감안했지만, 반란군 사이에서 항우가 차지하는 비중이 유방을 압도하고 있는 사실도 고려했다. 흐름도 따졌다. 아직은 때가 아니었다. 결론은 절대 열세였다. 관중 땅의 양보가 답이었다. 목숨이라도 건지는 게 최선이었다. 민심을 얻었으므로, 땅에 집착하지 말고 새로운 싸움을 시작할 때라는 것이 장량의 판단이었다.

위기 중첩이라고 했던가. 항우도 그리 녹록한 인물이 아니었다. 불씨는 밟아 끄고, 싹은 잘라내야 하는 법이다. 그는 범증의 건의를 받아들여 유방을 제거하고, 대국을 마무리하려 했다. 장량의 생각처럼 유방이 관중 땅을 내주는 양보만으로 해결될 수 있는 상황이 아니었다. 이 대목에서 과거 장량이 목숨을 구해준 적이 있는 항백이란 인물이 마치 3류 기봉소설奇逢小說의 요행처럼 갑자기 등장한다. 그러나 어차피 일면 역사는 3류 소설이다. 항백은 항우의 삼촌인데, 하비 시절 살인하고 도망 다니던 그를 장량이 숨겨준 적이 있었다. 항백은 항우와 범증의 방침을 알고 은혜를 갚고자 몰래 장량을 만나 사태의 엄혹함을 알렸다. 어느 구름에 비가 들어 있는지 모른다. 어느 누가 나중에 나에게 도움이 될지 모른다. 사람 사는 세상 사람이 구원이다. 그렇다면 사람을 아끼고, 인연을 소중히 여길 일이다. 과거의 배려가 현재의 장량에게 큰 힘이 됐다. 장량은 항백과 함께 유방을 찾아가 위기를 알리고 대책을 강구했다.

방법은 유방이 홍문으로 항우를 찾아가 직접 사죄하는 것뿐이었다. 굴욕은 운명의 여신이 즐기는 가벼운 희롱이다. 무겁게 생각할 일이 아니다. 유방은 사죄키로 했다. 덮어놓고 사죄하는 것보다는 사전 정지整地 작업이 있으면 훨씬 효과적이다. 장량은 항백으로 하여금 항우에게 돌아가 유방을 변호하도록 논리를 만들었다. 유방이 관중에 먼저 들어섰으나 무엇 하나 손댄 것이 없다. 관민의 명부를 정리하고, 부고府庫에 봉인을 해놓은 채 항우를 기다렸다. 함곡관 봉쇄도 도적의 침입을 막고 만일의 비상사태에 대비하기 위한 것이다. 그리고 덧붙였다. "그가 먼저 관중을 격파하지 않았다면 우리의 관중 돌입은 용이치 않았을 것이오. 큰 공을 세운 셈인데도 그를 친다는 것은 의에 어긋나는 일이니, 온당하게 후대하는 것이 도리인 줄 아오." 담백한 인간 항우는 정교하게 고안된 논리에 금세 허물어졌다.

홍문지회鴻門之會, 항우와 유방이 만났다. 그러나 한 사람은 칼자루를 쥐고 위세 충천, 또 한 사람은 칼끝에서 개신개신했다. 이미 항백의 말을 듣고 마음이 누그러진 항우는 유방이 눈앞에서 사죄하자 언제 그랬냐는 듯이 웃으며 잔치를 벌였다. 사실 항우는 유방을 경쟁자로 생각하지 않았다. 그랬기에 유방의 굴신屈身을 선뜻 받아들인 것이었다. 살았다 싶었지만 어디 생사의 고비가 그렇게 밋밋하게 끝나랴. 눈앞의 그림보다 마음속 간지奸智를 앞세워야 참모다. 범증은 유방의 쇼에 흔들리지 않았다. 장수로 하여금 칼춤을 추게 하고 기회를 봐서 유방을 죽이라고 명했다. 이를 눈치챈 항백이 칼춤으로 맞섰다. 같이 칼춤을 추면서 유방을 보호했다.

항백의 의리는 참으로 아름다웠으나 사태는 여전히 위중했다. 찰나지간에 유방의 목이 달아날 수도 있는 살얼음판이었다. 장량은 급히 밖에서 대기하던 번쾌를 들어오게 했다. 번쾌는 무장답게 항우에게 단도직입적으로 따졌다. "왜 유방의 공을 잊어버린 채 소인배의 중상모략만 듣고 유방을 살해하려 합니까?" 항우의 성정에 맞는 기막힌 어프로치였다. 항우는 그의 기백이 맘에 들었다. 항우가 그에게 술 한 잔 내렸다. 겨우 살기가 진정됐다. 유방은 화장실에 간다며 자리에서 물러났다. 그 길로 패상으로 내뺐다. 뒷갈망은 장량의 몫이었다. 장량은 유방이 가져온 선물을 바치면서, 유방이 떠난 사실을 알리고 양해를 구했다. 이로써 상황은 종료됐다.

'수백 년의 역사가 한순간에 결정되고 만다'고 했던가. 항우의 자못 호협한 치기가 그 한순간을 유방에게 허용했다. 한 사람의 구사일생이 다른 한 사람에게는 절망이었다. 범증은 하늘을 우러러 울부짖었다. '항우, 이 멍청한 놈!'

항우는 소릿바람 일으키며 시건드러지게 함양에 입성했다. 그는 여기서도 실수를 저질렀다. 약팽소선若烹小鮮이라 노자도 나라를 다스리는 것을 작은 생선 굽듯이 하라고 했다. 그러나 항우는 마구 헤집었다. 그가 가장 먼저 한 일은 대학살과 파괴였다. 이미 항복한 진 황제를 처형하고, 궁전에 불을 질렀다. 궁전의 보물과 여자들을 약탈했다. 항우는 주위의 반대를 물리치고 천혜의 요새이자 천하의 중심인 관중을 버렸다. 금의환향하고 싶은 욕심에 사로잡혔다. 때문에 방어하기 힘들다는 사실에도 불구하고 옛 초나라의 서방에 위치한 팽성을 수도로 정했다. 그리고 불공평한 논공論功과 무원칙한 행상行賞을 실시했다. 자신을 잘 따르고 자신이 사랑하는 자들에겐 봉토封土와 작위를 주고, 자신과 소원한 자들에게는 공을 세워도 아무것도 주지 않았다. 마지못해 주더라도 조금밖에 주지 않았다. 인사가 벼리인데, 이런 인사로 천하를 경영할 수가 있을는지…. 이때의 인사가 항우의 천하를 무너뜨리는 동티가 됐다.

항우는 초의 회왕을 의제義帝로 칭하기로 하고, 자신은 서초왕이 됐다. 관중을 삼분해 진나라에서 항복한 장수 장함, 사마흔, 동예를 왕으로 삼았다. 유방은 멀리 내보냈다. 사실상 퇴출이었다. 길이 험하고 교통이 불편한 유배의 땅 파巴·촉蜀의 한중왕으로 봉했다. 유방을 격리하려는 범증의 술책이었다. 조금 뒤의 일이지만, 항우는 팽성으로 들어가 의제를 쫓아내더니 종내에는 죽여버렸다. 권력을 쥐면 마음대로 하고 싶고, 뜻대로 될 것 같지만, 아무리 작은 권력이라도 대가가 있기 마련이다. 마치 건드리면 손이 더러워지는 숯덩이처럼 조심스레 만져야 한다. 하물며 항우처럼 멋대로 쥐었다가 내키는 대로 펴는 쥐락펴락은 비싼 대가를 초래하기 마련이다. 아니나 다를까 민심이 동요하기 시작했다.

돌이켜보면, 항우와 범증은 찾아든 천하를 제 발로 차버린 꼴이었다. 명분과 실리를 모두 놓쳤다. 참모라는 허울을 쓴 범증이란 자는 도대체 뭘 하고 있었는가. 물론 결정권을 행사한 리더의 잘못이 더 크다. 그러나 이런 상황을 방치한 책임은 범증에게 주어져야 한다. 그는 작은 일을 꾸미는 모사로는 넘쳤을는지 모르지만, 대국을 읽고 흐름을 만들어가는 책사로서는 함량 미달이었다. 역사는 결코 얄팍한 꾀돌이에게 새 시대 기획자의 역할을 부여하지 않는다.

발군의 능력을 발휘한 장량 · 한신 · 소하의 삼각 참모 시스템

한 사람은 떠났고, 한 사람은 찾아왔다. 유방이 한왕이 되어 수도 남정으로 이동할 즈음, 하나의 만남과 하나의 이별이 그에게 다가왔다. 관중을 떠나기 직전 유방은 꺽다리 한신韓信을 만났다. 측근 소하가 한신을 필사적으로 추천했다. 역시 리더는 사람을 알아보는 능력, 그를 포용할 수 있는 오픈 마인드open mind가 주요 덕목이다. 유방은 남정에 도착하자마자 한신을 대장군으로 삼았다. 항우군의 하급 장교에 불과했던 무명의 한신을 일약 대장에 발탁한 것이다. 장량은 유방이 남정으로 가는 길을 수행하다 중도에 유방과 헤어져야 했다. 한韓나라 왕의 신하이므로 이제 한나라 왕 곁에서 그를 보필하도록 되어 있었기 때문이었다.

장량이 떠나는 유방에게 조언했다. 촉으로 들어간 후에는 밟고 지나간 잔도棧道를 불살라버리라고 했다. 촉으로 들어가는 잔도는 천 길 낭떠러지 위에 통나무로 기둥을 세우고 그 기둥 위에 다시 통나무를 올려 만든 것이었다. 잔棧은 사람 하나가 겨우 지나갈 수 있는 길이었다. 잔도를 불태우라는 것은 유방이 파·촉 밖으로 나가 다시 천하를 다툴 의사가 없음을 항우에게 표시하라는 뜻이었다. 항우가 불신을 거두고 다른 일에 매진해야 유방이 운신할 수 있다는 메시지이기도 했다. 잔도 소각 때문에 항우는 안심했다. 시선을 다른 곳으로 돌렸다. 군대를 끌고 동쪽으로 나아갔다. 관중을 지키는 세 왕도 잔도 소각 제스처에 방심했다. 장량의 작은 계책 하나가 유방이 곧바로 회군해 관중을 장악할 수 있는 틈을 만들어준 셈이었다.

장량은 한왕 곁에 머물렀다. 항우는 장량이 그간 유방과 행동을 같이해왔기 때문에 한漢과 한韓이 연합할까 두려워했다. 한왕韓王의 귀국을 허락하지 않고 동쪽으로 군사를 움직일 때 데리고 갔다. 장량은 항우에게 유방이나 연합을 걱정할 필요가 없다고 계속 설득했다. "한왕漢王은 잔도를 모두 불태워 없앴습니다. 그가 다시 관중 지방으로 회군할 의사는 전혀 없어 보입니다."

항우가 시행한 예의 협량한 논공행상은 급격한 반발을 불러왔다. 전체 프레임이 요동치기 시작했다. 제齊나라가 그 선두에 섰다. 논공행상으로 틀을 짤 때 항우는 제나라를 3등분 했다. 자기 입맛에 맞는 사람들을 각각 왕으로 앉혔다. 제나라의 실력자인 전영은 완전히 소외시켜버렸다. 이게 화근이었다. 상처받은 마음이 물불 가리랴. 전영은 항우가 임명한 사람들을 쫓아내고 제왕을 자칭했다. 조나라가 제나라의 뒤를 이었다. 공신 진여는 사이가 나쁜 장이가 왕이 된데 격분했다. 장이를 쫓아버렸다. 제나라와 조나라는 항우에 대항했다.

장량이 재빠르게 전영의 모반 사실을 알리는 서한을 항우에게 보냈다. 그럼으로써 항우의 시선이 북쪽 제나라로 쏠리게 했다. 제나라를 토벌하기 위해 항우가 북으로 출병했다. 항우를 분주하게 해서 유방이 움직일 공간을 만들어주려는 것이 장량의 생각이었다. 장량이 어떻게 행보하든 그가 유방과 떨어져 있도록 하는 것만큼은 항우가 견지해야 했다. 그러나 항우는 이마저도 지키지 못했다.

항우는 그간 한왕韓王의 귀국을 끝내 허락하지 않았다. 뿐만 아니라 왕에서 후后로 신분까지 떨어뜨렸다. 그러다 마침내 제나라로 출병하기 직전 팽성에서 죽여버렸다. 장량이 유방과 떨어져 있는 이유가 한왕 때문인데, 그를 죽여버렸으니 장량으로선 남아 있을 이유가 없어졌다.

목표 상실, 장량은 허망했다. 한나라의 복원이라는 필생의 꿈이 무너졌다. 항우를 증오했다. 장량은 탈출해 유방에게로 갔다. 둘이 다시 만났다. 세 번째 만남이었다. 장량은 유방의 군사가 됐다. 이를 계기로 장량은 조국 재건의 유민에서 천하쟁패의 싸움을 주관하는 전략가로 탈바꿈했다. 중요한 작전이나 정책이 모두 그의 판단에 따라 정해졌다. 긴급할 때에는 유방이 식사 중이더라도 거침없이 밀고 들어갔다. 장량이 유방에게 전략을 브리핑할 때에는 알기 쉽게 설명했다. 보스를 설득할 줄 아는 능력, 유능한 참모의 필수 불가결한 조건이다.

유방이 회군해 관중을 다시 공략한 것은 새로운 라운드의 시작이었다. 항우가 장량의 책략에 말려 유방을 잊고 제나라로 향할 때, 유방군은 은밀하게 관중 땅으로 출병했다. 관중 땅의 곡물 저장소가 있는 진창陳倉을 공격해 점령했다. 헌데 놀라운 것은 관중의 농민들이 유방을 환영한 것이었다. 과거 관중에 진입했을 때 다져놓은 민심 잡기가 효과를 발휘한 덕분이었다. 유방은 관중의 세 왕을 모두 물리치고 관중을 장악했다. 유방은 관중왕이 됐다.

유방을 다시 만난 장량은 팽성으로 진격하는 동진을 권했다. 이때부터 역사상 가장 훌륭한 '삼각 참모 시스템'이 본격 가동되기 시작했다. 전체적인 전략은 늘 유방의 곁을 지키는 장량의 몫이었다. 야전에서 싸우는 사령관은 한신이 맡고, 후방의 행정 관리와 병참은 소하가 책임졌다. 이들 트로이카는 이로부터 훌륭한 참모 시스템의 전형으로 자리 잡았다.

장량은 대對항우 연합 전선을 도모했다. 즉, 항우의 논공행상에 불만을 품은 세력들을 하나로 결집시켜 항우와 맞붙는 구상이었다. 때론 전선을 하나로, 때론 여러 개로 운영하기도 했다. 하지만 항우 대對 연합 세력 간의 1:1 대치 구도는 천하통일까지 장량이 시종일관 고수한 대원칙이었다.

장량이 동진을 권한 것은 이동하면서 세력을 불리기 위해서였다. 계획대로 동진하는 동안 유방 군대의 규모는 점차 늘어났다. 한, 위, 조, 제 지역에서 항우의 논공행상에 불만을 품은 세력들이 유방의 반反항우 원정군에 가담한 것이었다. 장량은 유방으로 하여금 의제의 장례식을 거행하도록 해 민심을 자극했다. 연합군의 군사는 무려 56만에 이르는 대군으로 불어났다. 군사 규모보다 유방을 연합군의 영수로 만드는 것이 장량 전략의 숨은 속셈이었다. 항우가 제나라의 반란을 진압하느라 수도 팽성을 비운 사이 유방의 연합군은 팽성을 삽시간에 점령했다.

그러나 유방이 또 방심했다. 장량의 건의를 무시하고 희희낙락했다. 날마다 잔치를 베풀었다. 유방군이 약탈로 소일하고, 지도부가 방심한 사이에 항우의 3만 군대가 급습했다. 놀란 토끼 벼랑바위 쳐다

보듯 유방군은 속수무책 추풍낙엽이었다. 56만의 대군은 먼지처럼 흩어졌다. 결정은 언제나 보스의 고유 권한이다. 참모가 아무리 뛰어나도 보스가 그 말을 듣지 않으면 이처럼 처참하게 몰락한다는 사실을 이때의 유방이 증명한다.

유방은 꽁지가 빠져라 하읍까지 달아났다. 그제야 한숨 돌렸다. 그리고 다시 한때 머물렀던 패 지방의 탕으로 갔다. 여기서 그는 패잔병을 끌어모았다. 장량은 더 서쪽으로 나아가야 한다고 헌책獻策했다. 항우의 추격을 염려한 까닭이었다. 그 말을 들은 유방은 형양滎陽을 장악해 거점으로 삼았다. 기원전 205년 5월의 일이다. 형양의 곡물 창고는 수십만의 병사를 먹여 살릴 수 있었고, 이미 유방의 근거지나 다름없었던 서쪽의 관중과도 교통이 편리했다. 관중을 지키고 있던 소하도 병력을 형양으로 보냈다. 유방은 유방대로 병력을 모으기 시작했다.

이제 어떻게 할 것인가? 장량은 경포鯨布를 생각해냈다. 경포는 항우에 의해 구강왕으로 봉해졌으나, 왕이 된 이후부터는 항우와 가까이하지 않고 제3의 독립 세력으로 움직였다. 경포는 항우가 신안에서 20만 포로를 생매장할 때 직접 지휘했던 사람이다. 장량은 경포를 설득해 항우에 정면으로 대들도록 유도했다. 하지만 경포도 허무하게 패했다. 항우가 보낸 군대에 맥없이 무너지고 말았다.

한신이 유방과 별도로 움직이기 시작한 것도 이즈음이었다. 형양성을 떠난 위왕魏王 표豹가 배신해 한漢나라 군을 공격하자 한신은 이를 진압할 별동대장으로 임명돼 출전했다. 이때부터 한신의 역할은 위나라, 그 북쪽에 있는 조나라, 그 곁의 연나라, 그리고 제나라까지 평정하거나 연대함으로써 거대한 반초反楚 전선을 형성하려는 장량 구상의 야전 사령관이었다. 한신은 문자 그대로 연전연승해 이런 구상을 실현해 나갔다.

한신을 독자적으로 움직이도록 한 것은 고육지책이었지만 장량의 전략 구상이 갖는 원대함을 보여주는 것이다. 만약 한신이 유방과의 관계를 끊고 독자세력화했거나, 항우와 손을 잡았다면 유방의 존재는 그 순간 무대에서 사라졌을 것이다. 사람은 누구나 타고난 인성에서 벗어나기 어렵다. 장량은 한신의 캐릭터에 대한 세밀한 연구를 통해 쉽게 배신하지 않을 것이란 결론을 얻었다. 설사 좀 못 미더워도 어쩌랴. 다른 방법이 없었다. 모사재인, 성사재천某

事在人, 成事在天이라고 하지 않는가. 그렇다고 장량이 한신의 성격만 믿고 있었던 것은 아니다. 한신 옆에 유방의 직계 인사들을 배속해 감시하는 것도 게을리하지 않았다.

항우와 범증을 떼어놓다

형양에서 항우의 군대에 포위당한 유방군의 형편은 절박했다. 7개월이 지나자 유방군은 지친 기색이 역력했다. 더 이상 버티기 힘들었다. 이듬해 봄 항우에게 화친을 요청했다. 항우가 범증의 말을 듣고 거절했다. 유방 진영은 항우와 범증을 떼어놓는 반간계反間計를 펼치기 시작했다. 먼저 유방은 항우에게 사자 파견을 요청했다. 사자들을 맞이한 유방은 극진히 대접했다. 그러다가 갑자기 연회를 파해버렸다. 그들이 범증의 사자인 줄 알고 대접했는데, 알고 보니 항우의 사자라는 게 이유였다. 별로 대단치 않은 고전적인 수법이었다.

그러나 항우는 쉽게 걸려들었다. 사자로부터 이 소식을 들은 항우는 범증을 의심하기 시작했다. 유방 진영은 범증의 모반설도 흘렸다. 평소 항우는 혈족에 대한 편애가 심해 혈족이 아니면 크게 신뢰하지 않았다. 이런 이유로 조잡한 공작에도 항우의 마음이 흔들렸던 것이다. 범증은 화를 내며 사직을 청하고 쓸쓸히 떠났다. 그리고 고향 팽성으로 돌아가는 길에 화병이 생긴 탓인지 피를 토하고 죽었다. 주군을 잘못 만난 참모의 운명은 이처럼 비참하다.

"형양성에서 농성하는 것만으로는 어떤 활로도 없다."

장량이 내린 결론이었다. 농성전이 성공을 거두려면 원군이 오든지 아니면 적의 후방에 새로운 세력이 등장해 적이 후퇴할 수밖에 없는 조건이 필요하다. 그런데 지금의 대치 전선에는 그런 조건이 없다. 그렇다면? 탈출밖에 다른 해법이 없었다. 군사들을 남겨놓은 채 유방은 형양성을 탈출했다.

관중으로 돌아가 다시 세력을 정비한 유방은 형양을 구하기 위해 곧바로 돌아갈 생각이었다. 그러나 장량의 건의를 받아들여 먼저 남방 전선을 펼치기로 했다. 남방 전선이란 유방군이 무관으로 빠져나가 남방의 완성에 들어가 주변의 섭葉 지역을 장악하는 형태의 전선을 구축하는 것이었다. 이렇게 하면 현재 북방의 형양성을 포위 · 공격하고 있는 항우가 남방으로 주력군을 이동시킬 것이고, 이때 한신을 움직여 항우의 발목을 잡자는 구상이었다.

유방은 완성에 들어간 후 소문을 내어 항우를 불러들였다. 항우는 형양의 포위망을 풀고 남하해 완성을 에워쌌다. 덕분에 남방 전선 구상이 의도한 대로 형양성의 잔류 부대는 한숨을 돌릴 수 있었다. 이때 장량은 다시 팽월을 움직였다. 팽월이 초나라 군대를 무찌르자 격노한 항우는 완성의 포위를 풀고 다시 북상했다. 이 틈을 타 유방은 완성을 나와 북쪽으로 달려 성고성으로 들어갔다. 항우는 팽월군을 진압한 후 서쪽으로 방향을 바꿔 형양성을 함락시켜버렸다. 마침내 성고성을 포위했다. 유방은 패해 도망쳤다. 이때 한신은 북방을 거의 평정하고 제나라를 치려고 숨을 고르던 참이었는데, 그는 유방의 고단한 처지를 모른 체했다. 한신이 이탈 조짐을 조금 보이기 시작한 것이었다. 한신이 이탈하면 말짱 도루묵이었다.

성고성에서 도망친 유방은 한신이 있는 곳으로 향했다. 그러고는 한신으로 하여금 소수 병력을 이끌고 제나라 공략에 나서도록 하고, 나머지 대병력은 자신이 차지해버렸다. 유방에게 대병력을 빼앗겼지만, 한신은 불가사의하게도 제나라의 70여 개 성을 단숨에 쓸어버렸다. 20만이 넘는 초나라와 제나라 연합군을 초토화했다. 가히 전신戰神이라고 할 만하다. 항우가 끈질기게 괴롭히는 팽월에게 시간을 빼앗기는 사이, 유방은 다시 성고성에 가까운 형양성을 손에 넣고 곡물 창고인 오창을 점령했다.

이때 유방은 제나라 땅을 평정한 공을 치하해 한신을 제왕에 봉했다. 주고 싶어 준 선물은 아니었다. 한신이 사신을 통해 제왕에 봉해 달라고 서신을 보냈기 때문이었다. 사실상 협박이었다. 유방이 격노해 사신에게 욕을 뱉으려는 순간, 장량이 그의 발을 지그시 밟았다. 귓속말로 속삭였다. "허락하지 않으면 한신이 반역할 것이오." 한신의 모사 괴통이 천하삼분지계, 독립론으로 한신을 설득하고 있던 터였다. 유방이 양보했다. 적절한 선택이었다. 성질대로 하면 대체로 결과가 좋지 않다. 참아야 할 때엔 참아야 한다. 이긴 다음에 하는 화풀이도 나쁜데 하물며 고빗사위에서 성깔 부리는 짓은 백해무익이다. 억장이 무너져 탄식할지라도 겉으론 참아야 한다.

타이밍이 모든 것이다

마침내 항우군과 유방군은 오창에 있는 광무산廣武山에서 대치하게 되었다. 양군이 대치하던 중 항우가 볼모로 잡은 유방의 아버지를 죽이겠다고 협박했으나, 유방은 굴하지 않았다. 대신 항우의 면전에 대고 그는 이렇게 말했다. 『사기』의 기록이다.

"세상에 너보다 더 악랄한 인간은 없을 것이다. 첫째, 회왕의 칙명을 어기고 관중왕이 되어야 마땅할 나(유방)를 촉·한 땅으로 내쫓았다. 둘째, 초군의 총사였던 송의를 죽이고 스스로 상장군의 자리에 올랐다. 셋째, 회왕의 명도 없이 관중으로 들어갔다. 넷째, 관중에서 진의 궁전을 불태우고 시황제의 묘를 파헤치고 그 재물을 사유물로 삼았다. 다섯째, 회왕의 명도 없이 진의 마지막 왕 자영을 죽였다. 여섯째, 항복한 진의 병사 20만을 신안에서 생매장했다. 일곱째, 마음에 드는 장수만을 가려 각지의 왕으로 봉하고 원래 그 땅의 왕이었던 자를 추방했다. 여덟째, 주군인 의제를 팽성에서 추방했다. 아홉째, 그 의제를 추격하여 강남에서 죽였다. 열째, 항복한 사람까지 죽이고 정치를 공평하게 하지 않았다."

굳이 항목을 열 개로 맞추다 보니 늘어진 감은 있지만, 항우가 민심을 잃게 된 요인을 망라하고 있다. 이처럼 명분상으로는 유방이 유리했으나, 전력상으로는 항우가 우세했다. 1년간 대치하던 양군은 천하 양분을 조건으로 화친을 맺었다. 항우도 식량난에 시달렸던 데다가 한신과 팽월 등 제3세력의 활동이 맘에 걸렸다. 화친을 받아들일 수밖에 없었다.

최후의 승부수! 닉슨은 '타이밍이 모든 것'이라고 했다. 이기고 지는 것은 다음 문제다. 승부수를 던질 때는 과감하게 던져야 한다. 머뭇거림만큼 위험한 것은 없다. 훗날을 기약한다는 것은 자기 합리화다. 내일은 없고, 훗날은 가상이다. 때가 왔을 때 정면으로 승부해야 한다. 패하면 천명이 자신에게 있지 않은 것이다. 승리가 당연하다면, 패배도 딱 그만큼 당연하다. 승리하고 싶다면 패배를 각오해야 한다. 역사상 얼마나 많은 영웅과 호걸들이 패자의 멍에를 쓰고 사라져갔던가. 그러나 그들이 만약 패배가 두려워 도전조차 하지 않았다면 관 속에서조차 전측하고 반측하며 후회했을 것이다.

광무산을 내려온 후 장량은 지금이 적기, 여기가 최후의 승부처라고 판단했다. 그는 약속을 깨고 항우군을 추격하자고 주장했다. 장량이 보기엔 이번에 결판을 보지 않으면 향후 유방이 항우와 맞상대하기 힘들어 보였다. 특히 더 지체하다간 북방의 한신과 팽월이 독립하는 등 군웅이 앞다퉈 일어날 것을 우려했다. 항우에 대항하는 여러 명 중의 한 명으로서 유방은 설득력이 없었다. 지금 여기서 성패의 종지부를 찍자, 이것이 장량의 최종 판단이었다.

유방군이 항우군을 추격했으나 보기 좋게 패배했다. 유방은 고릉성으로 도망갔다. 거기서 농성전을 펼칠 수밖에 없었다. 여기서 장량은 비책을 실행에 옮겼다. 그동안 장량은 한신과 팽월이 사실상 독자 세력화하는 것을 방치하면서도 이탈의 명분만큼은 주지 않으려 힘써왔다. 그들이 따로 마음껏 움직이도록 내버려두는 것이 곧 항우에 대한 광범위한 압박을 뜻하는 것이었기 때문이다. 이제 마지막 결전을 눈앞에 두고 있는 지금, 연합 세력을 단일 전선에 결집시켜야 했다. 문제는 잘나가는 한신과 독불장군 팽월을 이 전선에 어떻게 합류시킬 것인가 하는 것이었다.

장량은 지피知彼의 달인이었다. 한신과 팽월이 무엇을 기다리고 있는지 정확하게 알고 있었다. 유방에게 진언했다.

> "수양 북쪽에서 곡성까지의 땅을 팽월에게 주어 왕으로 삼으십시오. 진나라에서부터 그 동쪽 바다에 이르는 땅을 제나라 왕 한신에게 주십시오. 제나라 왕 한신의 집은 초나라에 있으므로 한신에게는 다시 자신의 고향을 얻고 싶은 마음이 있을 것입니다. 왕(유방)께서 이 땅을 그 두 사람에게 내어주실 수 있다면, 이 두 사람을 지금이라도 불러올 수 있습니다. 그러나 만일 그렇게 하실 수 없다면 천하의 일은 예측할 수 없습니다."

역시 공심위상이라 마음을 움직이려면 그 마음을 공략해야 한다. 이익을 원하면 그것을 줘야 한다. 장량의 예상대로, 원하던 바를 얻은 한신과 팽월이 대군을 이끌고 유방군에 합류했다. 그리고 마침내 유방은 항우를 사면초가四面楚歌에 몰아넣어 굴복시켰다. 도망가 후일을 도모하자는 권유를 뿌리치고 항우는 오강烏江에 몸을 던졌다. 기원전 202년에 있었던, 그 유명한 해하지전垓下之戰이었다. 역발산기개세 항우는 단 한 번의 패배로 31세에 천하를 잃었다. 항우와 맞붙어 그동안 단 한 번도 이기지 못했던 유방은 단 한 번의 승리로 45세에 천하를 얻었다. 그나마 다른 사람의 손을 빌려 얻은 승리였다. 유방은 수많은 '전투'에서 졌지만 결국 '전쟁'에서는 이겼다.

장량은 하나하나의 전투에서 이기는 방법을 찾는데 그리 탁월하지 않았다. 오히려 장량은 전체 판도를 움직여 대세를 장악함으로써 전쟁에서 승리하는 전략가였다. 장량의 전략은 시종일관 민심을 얻고자 했으며, 하나하나의 전투에 매몰되지 않았다. 개별 전투를 대륙 전체의 전쟁 구도 속에서 관리하고자 했다. 항우가 싸우고 이기는 것에만 관심을 기울일 때, 장량은 시대의 저류에 흐르고 있는 민심을 얻으려 했다. 장량은 이런저런 전투로 항우를 바쁘게 했다. 마치 '두더지 잡기'처럼 하나를 잡으면 다른 하나가 튀어 오르는 식이었다. 항우는 장량이 제어하는 싸움판을 쫓아다니느라 힘을 소진하고 말았다. 이것이 장량을 고금 최고의 전략가로 위치 지은 비결이다.

장량은 유방이 천자로 등극한 뒤, 권력을 탐하지 않았다. 애당초 황제 유방의 어릴 적 소꿉동무도 아니었고, 가신도 총신도 아니었다. 그는 다만 역사가 자신에게 소명한 그 임무에 충실했을 뿐이었다. 유방이 죽은 뒤 8년(BC 168년), 장량도 세상을 떴다. 평소의 말대로 신선이 되었을까. 새색시처럼 고운 얼굴의 병약한 장량은 그렇게 자신이 만든 그 역사 속에 묻혔다.

장량의 참모 멘토링mentoring

- 보스는 그릇이 커야 한다. 참모는 능력이 뛰어나야 한다. 참모가 물이라면 보스는 그릇이다. 참모가 새라면, 보스는 나무다. 서로 맞갖아야 좋은 파트너가 된다.

- 지피와 지기는 승리의 필수 조건이다. 자신과 자신을 둘러싼 모든 것을 평가할 때 약간 감해서 보라. 적을 헤아릴 때엔 조금 더해서 보라. 이런 태도가 언제나 유용하다.

- 순간의 패배를 두려워하지 말라. 패배는 자연스런 것이다. 스스로 용기를 꺾지 않으면 기회는 언제든 있다. 그리고 하나하나의 전투보다 전체 전쟁을 항상 먼저 생각하라.

- 타이밍이 모든 것이다. 서두르는 것도, 지체하는 것도 모두 나쁘다. 타이밍인지 아닌지에 대한 판단 기준은 따로 없다. 오직 각자의 방식대로 헤아려야 한다.

- 경쟁을 인정하고, 공존하는 참모가 되라. 지혜를 다퉈야지 총애를 다투는 것은 하류다. 어드바이스로 평가받고, 일로 승부하는 일류 참모가 되라.

4

이 땅에 아름다운 전설을 남기고 훌쩍 떠난 불세출의 소울 메이트

루이 하우 & 프랭클린 루스벨트

루스벨트가 아이디어를 내면, 하우는 그것을 조각조각 내고, 있을 법한 모든 결점을 샅샅이 찾아내는 비판자의 역할을 했다. 그는 '아니오'라고 단호하게 말하는 미스터 노맨 Mr. No man이었다. 루스벨트는 하우의 모든 비판을 충분히 방어하고 나서야 OK 사인을 받을 수 있었다. 그 하우가 소아마비에 걸린 장애인을 미국의 대통령으로 만들어냈다. 그는 모든 것을, 최고의 것을 그에게 바치고 떠났다.

'지상의 정령'이 된 '늙은 난쟁이'

키는 유난히 작고,
형형한 눈빛으로 사람을 쏘아보고,
얼굴의 깊은 흉터는 보기에 섬뜩했고,
목소리는 낮고 메말랐으며,
심한 천식증에다 심장병까지 앓고 있고,
기침을 하면서도 연신 담배를 피워대는,
45kg 정도의 바싹 마른 체구에,
무릎이 불룩 나온 헐렁한 양복을 입고,
긴 목에 흰 와이셔츠의 하이칼라가 유난히 두드러져
보이는 사람.

그가 바로 루이 하우Louis Howe다. 오늘날 미국을 세계 초강대국으로 발돋움시킨 인물이 프랭클린 루스벨트Franklin Roosevelt 대통령이다. 그 루스벨트를 만든 인물이 하우다. 단언컨대, 그가 없었다면 루스벨트 대통령은 없었을 것이다. 그는 루스벨트를 읽는 '키맨key man'이다. 그에게서 가장 대조되는 것은 못생긴 외모와 아름다운 삶이다. 외모 때문에는 땅 속의 보물을 지킨다는 '늙은 난쟁이'로, 아름다운 삶

때문에는 '지상의 정령'이라고 불렸다. 그는 일생을 비롯해 자신의 송두리를 오직 한 사람에게 바쳤다. 최고의 대통령을 만들었고, 그와 더불어 미국의 역사를 바꾸었다. 그리고 이 땅에 한 편의 멋진 신화를 남겨놓고 떠났다.

1912년, 전도양양하던 주州 상원 의원이 선거를 코앞에 두고 쓰러졌다. 장티푸스였다. 엎친 데 덮친 격으로 아내마저 드러누웠다. '이대로 선거를 포기해야 하나?' 루스벨트의 심정은 암담했다. 절망의 순간 루스벨트는 유난히 눈빛이 아름다운 한 사내를 문득 떠올렸다. 여러 번 이야기를 나눈 바 있는 기자였다. 그 사내는 기자 생활을 통해 농촌 문제를 꿰뚫고 있었다. 농촌이 대부분인 자신의 지역구를 이해할 수 있는 인물이었다. 루스벨트는 그에게 운명을 한번 맡겨보기로 했다. 하우는 루스벨트의 부탁을 받고 한걸음에 달려왔다. 하지만 후보도 없이 과연 선거를 치를 수 있을지. 하우의 아름다운 삶은 이처럼 어려움에 빠진 루스벨트를 구하는 일에서 시작됐다.

하우는 1871년에 인디애나 주에서 태어났다. 그는 부모로부터 소아천식증을 물려받았다. 그 때문에 봄이 찾아와도 항상 두터운 스웨터를 입고 지내야 했다. 하우의 집안은 전통적으로 민주당을 지지했다. 하우의 아버지는 공화당계의 신문에 대항하는 신문을 창간했다. 작은 주간지였다. 기침이 심하고, 그 때문에 소년 하우는 친구도 별로 없이 집에 틀어박혀 책을 벗으로 삼았다. 14세 때에는 시집을 발간해 이웃 사람들을 놀라게 하기도 했다. 어느 날인가에는 자전거를 타다 굴러서 얼굴에 깊은 흉터를 얻는 아픔도 겪었다.

21세에 그는 부친이 하는 신문의 부편집장이 되었다. 그는 기자로서 뛰어난 재질을 발휘했다. 날카로운 안목과 집요한 추적으로 끝까지 진실을 파헤치고, 한번 물면 놓지 않는 불도그와 같은 기자 근성이 있었다. 부친의 사망으로 신문이 폐간된 뒤에는 『뉴욕 헤럴드』의 기자가 됐다. 민완 기자로서 명성을 쌓아가던 중인 1910년, 그는 의사로부터 '앞으로 2개월밖에 못 산다'는 사형선고를 받았다. 하지만 웬걸…, 병원에 입원한 지 2개월이 지나도 죽지 않았다. 역시 예나 지금이나 의사의 판단을 생사의 판결로 듣는 것은 바보짓이다. 인명은 재천이다. 나 외에 내 삶, 특히 죽음에 개입할 수 있는 권리를 허락받은 사람은 아무도 없다. 내가 살고, 내가 죽는 것이기 때문이다.

하우는 후보도 없는 선거를 혼자서 거뜬하게 치러냈다. 마법을 부린 것처럼 루스벨트를 당선시켰다. 게다가 돈을 거의 쓰지 않았고, 후보가 나설 수도 없는 상황이었는데도 루스벨트가 정력적으로 선거운동 한 2년 전보다 많은 표차로 이겼다. 1912년, 하우와 루스벨트의 운명적 파트너십이 이렇게 시작된 해였다. 루스벨트는 30세였고, 하우는 41세였다.

하우는 후보도 없는 불가능한 선거에서 어떻게 이길 수 있었을까?

그는 농민, 노동자, 그리고 정당의 보스 체제 등 몇 가지 이슈에 집중했다. 그는 곧바로 의회로 찾아가 농촌 개혁과 관련된 법안들을 연구했다. 그것을 루스벨트의 정책으로 제시했다. 루스벨트는 농민의 친구로 받아들여졌다. 후에 상원 농업위원회 상임위원장이 된 루스벨트가 농촌개혁법을 통과시켰다. 농민과 그의 유대는 더욱 깊어졌다. 하우는 지역구에 있는 철도 노동자들의 요구를 받아들이고, 노조 위원장들과 수시로 접촉해 루스벨트가 주 54시간 노동법안의 통과를 위해 열심히 노력한 점을 홍보했다. 이렇게 공들인 덕분에 루스벨트는 노동자의 벗이 됐다. 하우는 몇몇이서 정치를 좌지우지하는 보스 체제를 강하게 비판했다. 여성 참정권을 지지함으로써 여성 표를 끌어안았다. 루스벨트를 보스 체제 혁파의 기수로 포지셔닝했다. 루스벨트의 정치적 정체성은 이렇게 하우의 손에 의해 다듬어지고 정립됐다.

시한부 생명을 선고받은 하우, 루스벨트에게 꿈을 던지다

하우가 루스벨트를 처음 알게 된 것은 1911년 즈음이었다. 한 사람은 주 상원 의원이었고, 다른 한 사람은 정치권을 취재하는 기자였다. 루스벨트는 1882년 1월 뉴욕의 하이드파크에 있는 부유한 명문가에서 태어났다. 하버드 대학을 거쳐 컬럼비아 로스쿨을 졸업하고 변호사가 됐다. 헌칠한 미장부인 루스벨트는 1910년 민주당의 권유로 갑작스럽게 뉴욕 주 상원 의원 선거에 도전해 주 상원에 진출했다.

루스벨트는 주 상원에 진출하자마자 뉴욕의 민주당을 장악하고 있던 세력과 결연히 맞섰다. 1789년 뉴욕 시에 조직된 민주당의 보수 분파, 바로 태머니Tammany파派였다. 나라를 개혁해야 한다는 혁신주의를 수용하고 있던 그였다. 당연히 보스들이 공천권을 장악하고, 정치와 행정을 주무르는 낡은 체제는 타도의 대상이었다. 최초의 대립은 주 상원 의원 누구를 연방 상원 의원으로 선출할 것인지에 대한 문제였다. 루스벨트는 태머니파가 밀실 추천한 후보를 반대했다. '어린 말썽꾸러기들'이라고 불린 20여 명의 반대 세력과 함께 단호하게 투쟁했다. 자연스럽게 그들의 리더로 부상했다.

이때 하우는 『뉴욕 헤럴드』지에 실을 기사를 취재하러 뉴욕 주의 수도 알바니에 체류하고 있었다. 하우는 기자로서 상당한 평판을 얻고 있었다. 뉴스 냄새를 맡는 데 발군이었다. 그의 정치 분석은 정치권에서도 알아줄 정도로 탁월했다. '사향뒤쥐'라는 별명을 얻을 만큼 의회의 지하 도서관에서 옛날 자료를 뒤지면서 배경을 분석했다. 그는 루스벨트를 비롯한 개혁 그룹을 지지했다. 그는 기사를 통해 반反태머니 세력을 독자에게 소개하기도 했다. 또 그들에게 직접 조언하기도 했다. 태머니파 의원들의 동향을 알려주고, 대중의 지지를 유도하기 위한 방안들도 코치했다. 이 과정에서 하우는 자연스레 루스벨트를 주목하게 되었다.

1912년 선거를 통해 하우는 자신의 능력을 증명해 보였다. 루스벨트는 이런 하우가 마음에 들었다. 자신을 이해하고, 자신의 요구를 읽고 실현하는 데에 능란하고 민첩한 정치적 자질을 하우에게서 발견했다. 이때부터 하우와 루스벨트는 따로 떼어놓고 생각할 수 없는 하나의 팀으로, 한 몸으로 움직여 나갔다. 루스벨트가 뉴욕에서 윌슨을 당의 대통령 후보로 지지하는 조직을 결성할 때에도 하우는 홍보 업무를 맡았다. 그는 능숙하게 업무를 처리했다. 이즈음 그가 루스벨트에게 편지를 보냈다. '존경하는 미래의 대통령'이란 표현을 사용했다. 이로써 루스벨트 대통령 만들기는 존재의 이유요, 필생의 꿈이 됐다.

천리마도 채찍을 사용하지 않으면 천 리에 닿지 못한다

성향과 능력 면에서 두 사람은 서로의 약점을 보완해주는 완벽한 팀이었다. 루스벨트는 잘생겼고, 낙천적이었다. 그는 큰 문제에 집중하고, 설득력 있는 연설 기법을 개발하고자 했다. 대중적 매력을 제고하고, 정책 방향을 고민하는 데 관심을 쏟았다. 하우는 냉소적이고, 매사를 뒤집어 생각했다. 매사 기존 통념과 고정관념을 거부하고 '왜?' 하며 따지는 '와이 씽킹why thinking'은 그만의 독특한 생각하는 방법이었다. 그는 예리한 통찰력을 가진 정치 분석가며, 직언을 회피하지 않는 유능한 비평가였다. 때때로 틀릴 수도 있었지만, 하우는 결코 자신의 의견을 피력하는 데 조금도 주저하지 않았다. 바람을 가르는 적토마도 채찍을 사용하지 않으면 천 리를 달리지 못한다고 했다. 그의 이런 '노맨no man' 역할은 루스벨트의 자만심을 무너뜨리고, 태만함을 깨우고, 사고의 지평을 넓히는 원동력이었다. 오직 하우만이 할 수 있는 일이었다. 신망은 루스벨트가 받고, 비난은 하우가 대신 받았다. 한마디로 하우는 루스벨트의 정치 매니저political manager였다.

행운의 여신은 제멋대로다. 어느 땐 너무 엉뚱해 욕지거리가 치밀기도 하지만, 생각해보면 아무 기준이 없이 막 행해져야 그게 행운이다. 그 행운의 여신이 하던 대로 아무 이유 없이 그들에게 미소를 보냈다. 윌슨 대통령이 취임하고 이틀이 지난 1913년 3월 6일, 해군 장관 대니얼스Josephus Daniels는 루스벨트에게 해군 차관 자리를 제의했다. 루스벨트는 정치권에 들어온 지 갓 2년이 지난 햇병아리 주 상원 의원이었다. 윌슨을 위해 열심히 뛴 것을 감안하더라도 그런 그를 국방부 산하 해군부의 차관으로 발탁한 것은 놀라운 파격이었다. 이런 파격이 바로 역사의 신이 미래를 위해 던진 희망의 씨앗이다.

하우는 루스벨트 차관의 비서직을 맡았다. 그가 처음에 한 일이라고는 루스벨트의 옆에 서 있다가 그가 서류에 사인을 하면 잉크가 퍼지지 않도록 압지로 누르는 것이었다. 그러나 곧 하우는 자기 역할을 찾았다. 불필요한 전화나 방문을 차단하는 방호防護 역할에서부터 정책 결정 등 해군 차관의 업무에 직접 개입하는 등 전 방위 종횡무진이었다. 하우의 역할이 어디에서 끝나고 루스벨트의 역할이 어디에서 시작되는지 구분이 안 될 정도로 두 사람은 일심동체였다. 루스벨트는 하우의 직책이나 자리에 상관없이 언제나 그를 파트너로 대접했다. 의심하면 쓰지 말고, 일단 쓰면 의심하지 말라疑人不用, 用人不疑는 말대로, 결코 의심하지 않았다. 하우는 또 한 명의 해군 차관이었다.

해군 차관의 업무 중 하나는 공창工廠, 조선소 등 해안 공사의 감독이었다. 해안 공사에는 수천 명의 민간인이 고용돼 있기 때문에 노동운동과 관련을 맺지 않을 수 없었다. 해군에 고용된 민간인들은 전국 노동조합 연맹에 소속돼 있었다. 하우는 노동자의 정치적 중요성에 대해 수차례에 걸쳐 루스벨트에게 주지시켰다. 회피하지 말고 이 문제와 직접 맞닥뜨리도록 설득했다. 노동 문제를 다루는 청문회에 루스벨트가 참석하도록 했다. 노조 지도자들이 사무실을 방문할 때면 루스벨트가 직접 그들을 만나서 장시간 대화를 나누게 했다. 하우는 해군 공창에서 분쟁이 발생하면 제일 먼저 달려가서 노동자의 편에 섰다. 해군 장교들의 반대에도 그는 일관되게 노조 지도자들과 같은 입장을 유지했다. 일일 8시간 주 48시간 노동과 남녀 동일 임금을 지지했다. 이때 사귄 노동계의 친구들이 평생토록 루스벨트를 지지했다. 하우가 주조鑄造한 친親노동 스탠스가 루스벨트를 전국 노동계의 인기 있는 인물로 만들었다. 하우가 루스벨트의 정치 행보에 얼마나 중요한 기여를 했는지 익히 알 만한 사례라 하겠다.

비록 행정부에 몸담고 있는 하우였으나, 그는 루스벨트의 정치적 기반을 관리하는 데도 소홀함이 없었다. 루스벨트에게 온 편지는 단 한 통의 편지도 빼놓지 않고 답장을 해주었다. 그 어떤 민원에 대해서도 빠뜨리지 않고 신경을 썼다. 특히 취직 민원에 대해서는 적극적으로 도우려 했다. 이런 노력을 통해 루스벨트의 기반은 점점 더 확장돼나갔다.

루스벨트는 해군의 예산이 낭비되지 않도록 하는 데 많은 관심을 기울였다. 하우는 일이 다소 지체되는 한이 있더라도 모든 계약서를 꼼꼼하게 검토했고, 낭비 요소는 예외 없이 삭감했다. 담합을 없애기 위해 보다 많은 업자들이 입찰에 참여하게 함으로써 예산을 절약했다. 기득권을 가진 업자들로부터 비난을 받고, 의원들로부터 공격을 당해도 요지부동으로 밀고 나갔다. 이와 반대로, 조달 업무와 전함 건조는 신속하게 밀어붙였다. 유럽의 전황을 고려했기 때문이었다. 하우는 해군 장관과 루스벨트의 연설문 작성에도 개입했다. 연례 보고서를 직접 작성하기도 했다.

그를 가까이서 지켜본 해군 장관 대니얼스는 하우에 대해 이렇게 평했다.

"그는 항상 창의력이 풍부한 아이디어를 가지고 있었고, 큰일에 대담했다. 명쾌하고 설득력 있는 글을 쓸 줄도 알았다. 그는 공직이나 정치 활동에서 루스벨트에게 영향을 미치는 그 어떤 동향에 대해서도 예민하게 포착해서 루스벨트에게 알렸다. 그러니 루스벨트가 그에게 의존하지 않을 수 없었다. 항상 뒷전에 물러나 있으면서도 그는 해군부, 행정부, 정치권의 조류와 동향에 대해 소상히 파악하고 있었다. 1913년에 벌써 그는 루스벨트가 대통령이 되는 상상을 했으며, 그 목표를 위해 모든 노력을 아끼지 않았다. 그의 단 하나뿐인 야심은 루스벨트가 가는 길을 잘 인도해서 정상에 오르게 하는 것이었다."

하우는 루스벨트의 눈과 귀였다. 멀리 보는 망원경이자, 세밀하게 보는 현미경이었다. 장관뿐만 아니라 해군에서 그를 지켜본 사람 대부분이 그의 능력을 인정했다. 일부만 삐딱했다. 하지만 그 일부마저도 인정한 사실이 하나 있었다. 루스벨트에게 언제든지 '노no'라고 말할 용기가 그에게 있었다는 사실이다. 그는 루스벨트의 지시만을 추종하는 아첨배가 아니었다. 새로운 기획을 제시하거나, 어떤 판단을 할 때는 자신의 의견을 당당하게 말했다. 루스벨트가 말을 듣지 않으면 욕이나 악담까지도 서슴지 않았다. 보스의 지시만 강요하는 참모에게 누가 터놓고 이야기하겠는가. '노'라고 말하는 하우의 스탠스 때문에 해군부의 사람들은 그에게 허심탄회하게 여론을 전달했다. 잘못된 것은 잘못됐다고 말할 수 있었다. 결국 하우의 '노'는 루스벨트가 세상과 소통하게 하는 동력이었던 것이다. 소통이 딱딱하게 굳어지는 것을 막는 연화제, 썩어 문드러지는 것을 막는 억균제였다. 참모의 예스, 그것은 먹기 좋은 독약이다. 참모의 노, 그것은 입에 쓴 양약이다.

정치는 과학이 아니라 예술

루스벨트가 해군 차관이 된 지 얼마 뒤 뉴욕 주 민주당 내에서 첨예한 권력투쟁이 벌어졌다. 태머니파와 주지사 간의 사활을 건 전쟁이었다. 의원 선거 한 달을 앞둔 1913년 10월, 주지사가 탄핵당했다. 작용이 있으면 반작용이 있기 마련이다. 비싼흥정이라, 태머니파도 연이은 선거에서 당의 패배라는 대가를 치러야 했다.

권력의 일시적 공백이 생겨났다. 루스벨트는 황금의 찬스라고 생각했다. 루스벨트는 1914년 선거에서 주지사나 연방 상원에 출마하고자 했다. 하우는 충동적 결정이라며 반대했다. 예의 주시하며 기다려야 할 때라고 판단했다. 즉흥적으로 결론을 내리면 안 된다고 누차 주지시켰다. 그러나 어쨌든 결정은 언제나 보스의 몫이다. 루스벨트가 출마를 강행했다. 결정이 내려지면 부지런히 뛰는 것은 참모의 몫이다. 하우는 정력적으로 움직였다. 윌슨 대통령이 루스벨트를 지지할 것이라는 기사가 나오도록 하는 등 여론을 조성해나갔다. 하지만 윌슨은 태머니파의 눈치를 보느라 짐짓 모른 체했다. 그러자 루스벨트는 주지사 출마를 포기하고, 상원 후보 경선으로 방향을 틀었다.

상원도 이제는 주 상원에서 뽑는 것이 아니라 직선으로 선출하게끔 법이 바뀌어 있었다. 여기에서도 태머니파가 제동을 걸었다. 태머니파는 독일 주재 대사를 내세웠다. 루스벨트는 태머니파를 격렬하게 성토했다. 그러나 역불급力不及이었다. 태머니파의 후보가 독일에 주재하느라 얼굴 한 번 비치지 않았는데도 당내 경선에서 패배한 것은 루스벨트였다. 세상은 돌고 도는 것일까. 얼굴 없이 치른 주 상원 재선거에서 이겼던 그가 이번에는 역으로 얼굴 없는 후보에게 패배한 것이었다.

선택의 기로! 태머니파와 타협할 것인가, 아니면 계속 투쟁할 것인가. 1914년의 경선 패배는 하우와 루스벨트에게 중대한 고민을 던졌다. 하우는 타협을 주장했다. 주 상원 이상의 정치적 장래를 위해선 궤도 수정이 불가피하다고 판단했다. 그렇다고 그간의 대립 노선을 포기하고, 전면 화해로 턴어라운드turn around 하는 것은 위험했다. 루스벨트의 정체성을 훼손하지 않으면서 돌파구를 찾는 것이 중요했다. 하우가 방법을 찾아냈다. 태머니파 전체를 적으로 규정하는 것이 아니라 소수의 부패 인사로 타깃을 한정하는 것이었다. 하우는 이렇게 단언했다. "이제 모든 태머니파를 미워하는 것이 아니라는 사실을 보여줄 때가 됐다." 사실 이러한 변화는 뭐라 설명하든 분명 노선 전환, 타협이었다. 언제 어디서 무엇을 하든 잘못을 잘못이라 말하고, 틀린 것을 틀렸다고 말해야 한다. 그러나 그를 발본拔本하고, 그들의 그 어떠한 주장도 색원塞源해야 한다는 것은 잘못이다. 사람 사는 모양이 아니다. 전부 아니면 무all or nothing는 현명한 태도가 아니다. 대개 이런 태도는 무능을 회피하는 비겁한 변명에 다름 아니다. 조금씩 타협하면서 조금씩 앞으로 나아가는 방법도 활용해야 하는 것이다. 특히 정치에선 더욱 그렇다.

1915년, 루스벨트는 계속 화해 사인을 보냈다. 선거 패배 탓인지 마침 태머니파도 연대의 필요성을 충분히 수긍하고 있었다. 공멸共滅의 절박함만큼 이질적인 세력을 단합시키는 것도 없다. 한 연설회에 참석한 루스벨트가 먼저 손을 내밀었다. 태머니파가 앨프레드 스미스를 군 보안관Sheriff of New York County으로 선택한 것에 대해 격찬했다. 태머니파와 물밑 대화를 나누는 한편 그들에 대한 공개 비판도 중단했다. 심지어 자신을 공격했던 태머니파 소속 의원들에게 취업 알선 등을 후원해주기도 했다. 1917년에는 태머니파의 행사에 참석해 루스벨트가 오랫동안 적대시했던 그들의 두목 찰스 머피Charles F. Murphy와 함께 사진을 찍기도 했다.

받는 것이 있으면 줘야 하는 법이다. 태머니파도 루스벨트의 높은 대중성을 높이 인정하기 시작했다. 1918년 봄, 루스벨트는 마침내 태머니파의 지지를 획득했다. 한편으로는 민주당 개혁 세력이 그를 주지사 후보로 밀고, 다른 한편으로는 태머니파도 그를 유력한 대안으로 검토했다. 정체성을 잃지 않은 채 기반이 넓어졌다. 두 마리 토끼를 다 잡은 것이다. 정치의 미학이요, 동학動學이다. 이래서 정치는 도덕이나 과학보다는 예술에 가깝다고 하는 모양이다. "예술에서 가장 중요한 것은 설명할 수 없는 부분이다." 화가 브라크의 말이다. 그 설명할 수 없는 부분이 바로 예술가, 곧 사의思議가 불가不可한 사람의 능력이다.

1918년 태머니파가 루스벨트에게 주지사 출마를 권유했다. 루스벨트는 세계대전 중이라는 이유로 사양했다. 사양은 그레이드를 끌어올리는 효과적 수단이다. 거부야말로 격상의 지렛대다. 루스벨트의 위상은 올라갔다. 진짜 이유는 본선에서 이길 수 없다는 상황 판단, 아직 자신이 어리다는 생각이었다. 윌슨 대통령이 제2차 세계대전 후의 평화조약에 대한 찬반 투표로 선거를 몰고 가는 바람에 민주당의 주지사 후보인 스미스의 당선은 어려워 보였다. 그만큼 윌슨은 인기가 없었다. 하지만 스미스가 예상을 뒤엎고 근소한 차이로 승리했다.

'합리적 선택과 주체적 결정'은 환상이다

마음의 병病이 방심이요, 심리의 허虛가 안주다. 이런 방심과 안주에서 일탈이나 방종이 생겨난다. 루스벨트가 부인 엘리너의 비서와 불륜에 빠진 것이 그런 경우였다. 그 여인은 겸손하지만 남자를 즐겁게 해줄 줄 아는 여자였다. 그녀의 아름다운 목소리는 루스벨트를 매혹시켰다. 대개 지나고 나면 쓴웃음 짓는 게 바람이지만, 당시에는 하늘이 허락한 사랑이라고 생각되기 쉽다. 루스벨트가 그랬다. 불륜 사실이 부인에게 들통나자, 정신 못 차린 루스벨트가 이혼을 결심했다. 어머니가 질책했다. "그 여자는 독실한 가톨릭 신자라던데, 교회에서 그런 여자와의 재혼을 인정할 것 같니. 게다가 다섯 명의 자식들 장래는 어떡하고." 그러나 비정상의 정도가 심한 사랑일수록 비합리적 판단에 빠져들기 마련이다. 루스벨트는 완강했다. "이혼할 거야!" 하지만 그에게 하우라는 장벽이 있었다. 그를 넘어서야 이혼이 가능했다. 하우가 나지막이 말했다. "이 시점에서 다섯 아이가 있는 엘리너와 이혼하고, 가톨릭교도인 그녀와 재혼한다면 당신의 정치 생명은 끝난다."

이혼 경력을 가지고도 대통령이 된 전례가 없었다. 가톨릭 신자는 절대 소수라 그동안 가톨릭 출신 대통령은 한 명도 없었다. 사정이 이러니 하우로선 결코 용납할 수 없는 일이었다. 때론 고함 소리가 들리지 않는 법이다. 때론 작은 소리가 천둥소리보다 더 크게 들리는 법이다. 어머니의 질책은 큰 소리였으나, 하우의 조언은 낮은 소리였다. 또 이런 일일수록 혈연보다는 심우의 충고가 먹히기 마련이다. 하우의 조용한 몇 마디가 죽비竹篦처럼 루스벨트의 목덜미를 사정없이 후려치자 퍼뜩 정신을 차렸다. 다시는 그녀와 만나지 않겠다고 약속했다. 하우의 '노'는 루스벨트를 살리는 구원의 소리였다.

1920년 루스벨트는 본의 아니게 민주당의 부통령 후보로 선출됐다. 정치 보스들이 선택한 대통령 후보 제임스 콕스James Cox의 약점을 보완하는 카드로 차출된 것이었다. 콕스는 오하이오 주의 주지사였다. 윌슨의 계승자라고 할 수 없는 게 단점이었다. 때문에 동부 출신, 윌슨주의자, 혁신파 등의 조건을 갖춘 부통령 후보를 물색했다. 어차피 당선이 어려운 선거이므로, 최고의 인재가 나서서 상처를 받게 해서는 안 된다는 공감대도 있었다. 당은 다음을 대비해 스미스를 아껴두고, 루스벨트를 버리는 카드로 선택했다.

매사 합리적 선택이란 일종의 환상이다. 매번 주체적 결정이란 일종의 망상이다. 합리적으로 선택하면 루스벨트는 당연히 후보 제의를 거절했어야 했다. 주체적으로 결정하면 루스벨트는 의당 후보 제의를 일축했어야 했다. 그러나 루스벨트는 당의 결정에 따랐다. 영악한 선택, 교활한 결정이었다. 손해를 감수하는 태도는 당에 부채 의식을 심어줄 수 있다는 점을 고려했다. 자신을 전 국민 앞에 선보일 수 있는 기회로 활용할 수 있다는 점도 참작했다. 또 모름지기 정치인이라면 대중의 찬사와 질시 속에서 부대끼며 커 나가야 한다는 생각도 작용했다. 안티를 두려워하면 마니아가 없듯이, 나서기를 두려워하면 영광도 없다. 루스벨트는 발로 뛰는 선거운동으로 인기를 드높였다. 국민에게 강한 인상을 심어주었다. 소기의 목적을 달성한 것이었다.

물에 빠진 하우!

"읍… 어푸어푸~" 하우가 어느 날 호텔 욕실에 처박혔다. 도대체 무슨 일이 있었던 것일까. 전말은 이렇다. 루스벨트의 순회 선거운동을 수행하던 참모들은 주로 기차에서 지내야 했다. 주말에나 간혹 호텔에서 지내는 호사를 누릴 수 있었다. 호텔에 들어가면 모두들 호텔 현관을 쏜살같이 지나쳤다. 욕실로 직행해 너나 할 것 없이 서둘러 목욕부터 했다. 옷도 갈아입었다. 하지만 하우는 마냥 느긋했다. 신문 가판대에서 모든 신문을 챙겨서 방으로 가져갔다. 겉옷만 대충 벗고 의자에 앉아 신문에 코를 박았다. 신문을 하나씩 훑어보면서, 나중에 써먹을 게 뭐가 있는지 체크했다.

그러는 사이 떠날 시간이 얼마 남지 않게 됐다. 모두들 하우에게 목욕을 재촉했다. "네! 네!" 대답을 하면서도 하우는 도대체 움직일 기미조차 없었다. 루스벨트가 짓궂은 꾀를 냈다. 수행원들을 옆방에 불러 모아놓고 계획을 설명했다. 욕탕에 물을 가득 받아놓은 뒤 그들은 하우를 들어 욕탕으로 갔다. 하우가 결사적으로 발버둥을 쳤으나 소용없었다. 풍덩! 그들은 하우의 몸을 비누로 씻기고, 수건으로 닦아주었다. 젖은 옷은 라디에이터에 올려놓고 말렸다. 그 와중에도 하우는 이불을 덮어쓰고 의자에 앉은 채 다시 신문을 뒤적거리기 시작했다. 이런 낭만이 사람과 사람이 어울리는 맛이다. 무리 속에 묻혀 사는 멋이다.

열차로 전국을 돌면서 선거운동을 할 때에는 부인 엘리너도 동행했다. 그녀가 하우의 진면목을 보고 좋아하게 된 것도 이때였다. 소심한 성격의 엘리너는 나서기를 좋아하지 않았다. 하지만 지역 정치인을 만날 때면 가끔은 농익은 정치가의 모습을 보여주기도 했다. 하우의 날카로운 안목은 엘리너의 이러한 정치적 자질을 놓치지 않았다. 하우는 엘리너에게 정치를 가르치기 시작했다. 늦은 시간까지 이런 저런 잡담을 나누었다. 루스벨트의 연설문을 보여주면서 그녀의 조언을 구하기도 했다. 얼마 되지 않아 그녀는 여러 가지 주제에 대해 토론할 정도로까지 발전했다. 수줍은 여성 엘리너를 정치적 인간으로 거듭나게 한 것은 전적으로 하우의 인도였다.

비록 부통령 후보로서 대선에서 패배했지만, 전도는 밝았다. 선거 기간 동안 800회가 넘는 연설을 했다. 그 덕분에 국민에게 미래의 지도자란 이미지를 각인시킬 수 있었다. 특히 민주당이 전통적으로 약한 서부에서 루스벨트에 대한 여론이 더 좋아졌다는 것이 하우에게는 더 없이 기분 좋은 일이었다. 해군부 사무실에서 백악관이 내려다보이는 창밖을 응시하며, 하우는 친구들에게 이렇게 말했다. "여보게들, 저기 저 건물 보이지? 바로 저곳이 우리가 언젠가 갈 곳이야. 루스벨트와 내가 가는 것이지."

하우, 보스의 7년 병상을 지키다

신의 질투일까.

예고도 없이 어느 날 모든 것이 끝나버렸다. 도대체 말도 안 되는 일이 벌어졌다. 건강하기 이를 데 없던 루스벨트가 갑자기 쓰러진 것이다. 소아마비였다. 청천벽력, 누구를 원망할 수도 없었다. 누구에게 화풀이도 할 수 없었다. 하우는 기가 막히고, 말문이 막혔다.

1921년 8월, 루스벨트는 지친 상태로 캠포벨로 섬에 도착했다. 유난히 무더운 해였다. 동부 해안의 최북단 메인 주의 캐나다 국경 가까이 있는 캠포벨로 섬의 별장은 더없이 좋은 피서지였다. 요트에 아이들을 태우고 만내灣內를 한 바퀴 돌았다. 산불이 나

요트를 기슭에 대놓고서 서너 시간 정도 불을 끄기도 했다. 숲 속 호수에서 헤엄을 쳤으나 물이 미지근했다. 몸이 나른한 것이 물 탓인가 보다 싶어 루스벨트는 바다 속으로 뛰어들었다. 물이 얼음처럼 차갑게 느껴졌다.

집에 돌아왔다. 젖은 옷을 입은 채로 우편물과 서류를 훑었다. 오한이 나고 두통이 느껴졌다. 일찌감치 잠자리에 들었다. 아침에 눈을 뜨니 왼쪽 다리가 마비돼 움직여지질 않았다. 일어서려 했으나 그럴 수 없었다. 체온이 38.9도까지 올랐다. 근처의 의사를 불러왔다. 감기라고 진단했다. 그러나 다음날 하반신 전체가 마비됐다. 루스벨트는 수그러들 줄 모르는 통증과 고열에 신음했다. 권위 있는 의사가 인근에 휴가를 와 있다는 걸 알게 돼 급히 불러왔다. 척추 하부에 혈액이 막히고 응혈이 생겨서 근육 신경이 일시 마비된 것으로 진단했다.

하우가 급보를 받고 급히 달려왔다. 하우와 엘리너는 교대해가며 필사적으로 마사지를 했다. 피 순환을 좋게 할 요량으로 한 처치였으나 이것이 도리어 역효과를 일으켰다. 마비가 진행 중이었던 근육 세포를 파괴해버린 결과를 가져왔다. 그들은 병실 소파에서 새우잠을 자며 불철주야 간호했다. 하우는 루스벨트의 곁에서 책도 읽어주고, 신문도 읽어주었다. 하지만 뉴욕에서 왕진 온 의사가 모든 기대를 한 방에 날려버렸다. 소아마비였다.

'여기가 끝인가!'

하우는 소아마비란 소리를 듣고 이런 생각을 했다. '끝났다고 보는 게 맞겠지.' 하지만 생각과 달리 그의 피는 여전히 꿈을 끌어안고 꿈틀거리고 있었다. 심호흡을 크게 하고, 온갖 잡념들을 털어냈다. 본능이 시키는 대로 따르기로 했다. 부질없이 어슷대는 건 그의 체질이 아니었다. '떠나는 게 옳지 않나.' 하지만 그의 마음은 루스벨트 곁을 지키라고 계속 요구하고 있었다. 그 본능, 그 직감, 그 마음에 따르기로 했다. '어차피 덤으로 사는 인생 아닌가! 그래, 이왕 가던 길… 끝까지 가보자.' 재기再起하리란 확신은 없었다. 그러나 최선을 다해보기로 했다. 희망이 최선의 치료책이잖은가. 의사가 말했다. "의학적으로 단언할 수는 없지만, 회복은 환자의 의지 여하에 달려 있습니다. 정신적으로 절망감을 갖게 해선 안 됩니다." 하우는 자신과 루스벨트를 위해 대통령에 대한 꿈을 포기하지 않았다.

새롭게 시작하려면 먼저 루스벨트의 심리 상태를 확인하는 것이 필요했다. 하우는 루스벨트에게 솔직하게 말했다.

"은퇴해서 시골 신사로 살아갈 수도 있고, 다시 용기를 내어 아무 일 없었다는 듯이 앞으로 나아갈 수도 있습니다. 당신이 어떤 선택을 하든 저는 함께 할 것입니다. 당신은 대통령이 될 운명을 타고난 사람입니다. 왜냐고요? 이제 당신은 세상으로부터 따뜻한 시선을 받을 것이고, 잡동사니와 같은 정치 행사로부터 해방될 것이기 때문입니다."

루스벨트는 빙그레 미소 지으며 짧게 말했다.

"좋아, 어디서부터 시작할까?"

어정뱅이가 되는 것은 루스벨트에게 죽음이나 다름없었다. 루스벨트의 의지가 확고한 이상, 이제 남은 문제는 그를 정치적 존재로 계속 살려나가는 것이었다. 하우는 전국의 유명 정치인이나 정치권의 지인들이 루스벨트와 편지 왕래를 하도록 했다. 그리고 그는 엘리너가 보다 적극적으로 정치 활동에 참여하도록 했다. 편지와 엘리너의 정치 참여는 루스벨트를 위한 정신적 치료의 일환이기도 했다. 이처럼 그는 루스벨트가 좌절하지 않게 하는 데 가장 신경을 기울였다.

가끔 사실fact보다 인식이 더 무섭고 질기다. 하우도 쓰러졌다는 사실보다 끝났다는 인식을 더 경계했다. 단순한 사실이 불행한 인식으로 나아가지 않도록 하려면 초기 대응이 중요했다. 앞으로의 상황을 그럴싸하게 설명할 수 있을 때까지 시간을 버는 게 필요했다. 때문에 루스벨트가 병에 쓰러졌다는 소식이 세상에 알려지지 않게 대처했다. 루스벨트에게 온 편지는 전부 하우가 처리했다. 루스벨트의 서명을 흉내 내는 건 그에게 식은 죽 먹기였다. 비밀은 잘 지켜졌다.

루스벨트가 뉴욕 병원으로 옮기자 정보가 새나갈 기미가 보였다. 어느 정도 상황을 그려볼 수 있게 된 만큼 이럴 땐 선수先手가 기본이다. 하우는『타임스』기자를 불렀다. 9월 16일, 낙선한 부통령 후보가 1개월 이상이나 하반신, 특히 두 다리의 무릎 아래쪽이 마비됐다는 사실이 보도됐다. 사람들이 루스벨트를 정치적 망자亡者로 취급하지 않도록 하는 것이 제일 목표였다. "절대 불구가 되는 일은 없다." 하우는 주치의의 이 말을 기사에 첨부하도록 했다.

하우의 능란한 대처로 신문은 루스벨트의 병세를

경증으로 취급했다. 그러나 소아마비의 무서움을 아는 뉴욕 시민 중에는 '루스벨트의 정치 생명은 끝났다'고 보는 사람도 적지 않았다. 사실 의사도 '일어나서 걸어 다니는 것은 고사하고 앉을 수 있게 되기도 어려울 것'으로 진단한 상태였다. 루스벨트는 10월 28일 퇴원해 자택에서 요양했다. 11월 말 재차 발작이 일어났다. 양 무릎의 근육이 오그라들어 두 다리 모두가 구부러지고 말았다. 주치의는 굽은 두 다리를 단단하게 깁스로 고정해 인위적으로 잡아 늘이는 교정 요법을 명했다. 격렬한 아픔이 따랐다. 그러나 루스벨트는 단 한 번도 고통을 호소하지 않았다. 자신의 병이 나을지에 대해 묻는 법도 없었다.

그 어려운 시련에도 꿈을 잃지 않고, 의지를 꺾지 않는 루스벨트는 대단한 사람이었다. '낫는다, 반드시 낫는다!'고 되뇌던 그는 타고난 낙천가였다. 루스벨트의 집은 문병객으로 붐벼 마치 사교 클럽을 방불케 했다. 루스벨트는 그들을 맞이해 놀림이 자유로운 손으로 주먹 쥐는 제스처를 써가며 정치와 일 얘기에 열성이었다. 정치는 루스벨트의 의지를 지탱하는 버팀목이었다.

모든 어머니의 한결같은 마음은 자식이 좀 편하게

지냈으면 하는 것이다. 루스벨트의 어머니도 마찬가지였다. 아들을 하이드파크에 있는 자신의 집으로 옮기려 했다. 정치를 잊고, 남은 유산으로 여생을 안락하게 보내길 원했다. 안 그래도 하우가 싫었는데, 하우가 정치 계속을 외쳐대니 어머니는 하우가 더욱 싫어졌다. 흉한 상처 자국이 있는 얼굴, 손질이 안 된 더러운 머리, 담뱃진으로 노랗게 물든 손톱, 유난히 큰 코와 귀, 잇따라 뱉어대는 기침 소리 등 하우의 모든 것이 징그러웠다. 그 하우가 루스벨트를 하이드파크로 옮기려는 어머니의 시도를 단호하게 저지했다. 하우는 한 술 더 떴다. 자신의 아내와 두 자녀를 루스벨트 집으로 데리고 들어와 명실 공히 가족의 일원임을 자처했다.

이미 50의 나이에 든 하우로선 하루가 급하고, 일각이 여삼추였을 것이다. 그런데도 묵묵히 감내하고 꾸준히 헌신했다. 루스벨트를 간호하고, 그의 아이들을 돌봤다. 그의 이름이 정치권에서 잊히지 않도록 끊임없이 노력했다. 그 기간이 무려 7년이었다. 셰익스피어가 “신은 우리를 인간으로 만들기 위해 무엇인가 결점을 부여해주었다”고 했던가. 결점 없는 인간은 없다. 때문에 완벽해질 수는 없지만 아름다워질 수는 있다. 창해일속滄海一粟 인간이 꽃보다 아름답다고 하는 것은 이타적 헌신 때문이리라. 하우, 그는 열화烈火의 시련도 마다하지 않은 아름다운 사람이었다.

루스벨트의 기적 같은 부활

추리소설을 좋아하던 하우는 원래 범죄에 대한 관심이 많았다. 1924년 하우는 전국범죄예방위원회의 부회장이 되었다. 범죄의 뿌리를 조사하고, 해결책을 모색하는 민간 조직이었다. 생활고를 해결하기 위해 부업으로 시작한 부회장 노릇은 1933년까지 이어졌다. 루스벨트는 하우의 사무실이 있는 건물의 다른 층을 사용하던 법률 회사에 적을 올려놓고 있었다.

"제가 돌아왔습니다."

루스벨트의 선언이다. 1924년 절름거리는 다리로 민주당 전당대회에서 그는 그렇게 선언했다. 그가 '행복한 전사'라고 별명 붙여준 스미스를 대통령 후보로 지명하려고 그 자리에 섰지만, 군중은 그의 정계

복귀에 더 큰 환호를 보냈다. 훗날 루스벨트가 여성 최초의 장관으로 발탁한 프랜시스 퍼킨스Frances Perkins는 당시를 이렇게 회상했다.

"전당대회에 참석한 모든 대표들이 이 아름답고 강건하고 잘생긴 젊은이를 기억했습니다. 당시 그들은 루스벨트가 소아마비에 걸려 죽은 것으로 알고 있었죠. 하지만 그는 살아났고, 그곳에 서 있었습니다. 그는 매우 건강해 보였어요. 그리고 목소리도 우렁찼습니다. 그냥 보통 사람이라고 여겼던 남자, 우리가 죽었다고 생각했던 그 멋진 친구는 여전히 건재했습니다."

루스벨트가 단상으로 힘겹게 한 발자국씩 걸어갔다. 그 시간이 하우에게는 지난 몇 년보다 더 길고 고통스러웠다. 손톱이 살을 파고들 정도로 주먹을 꼭 쥐었다. 조마조마 간절한 마음으로 빌고 또 빌었다. 마침내 루스벨트가 단상을 짚으며 말했다.

"제가 해냈습니다."

그 순간, 휴우~ 하우는 긴 장탄식을 내뱉었다. 희열을 넘어 전율이 밀려들었다. 하우의 일생에서 이 순간이 가장 기뻤으리라.

이렇게 루스벨트가 재기했다. 뿐만 아니라 정치적 입지는 더욱 확고해졌다. 루스벨트를 주지사로 보내자는 여론이 일기 시작했다. '불가不可!' 하우는 단호하게 고개를 저었다. '아직은 때가 아니다.' 하우는 루스벨트가 부목 없이 걸을 수 있을 때까지 기다려야 한다고 판단하고 있었다. 나이도 있는데, 뭘 믿고 그렇게 느긋한지….

루스벨트는 조지아 주의 웜스프링스에서 치료에 전념했다. 자신만 치료한 게 아니었다. 1926년에는 아예 땅을 사서 소아마비 환자들을 위한 재활 센터를 짓고자 했다. 투자자들의 돈을 유치해 기금을 설립했다. 취미 생활도 우표 수집에서 수영과 낚시로 활동 범위를 넓혔다. 하버드 클럽이며 해군 클럽 등 45개 단체에 가입하는 등 사회 활동에도 열심이었다. 이 기간 동안 『뉴욕 타임스』지에만 그의 이름이 200회 이상 기사에 등장할 정도였다.

붉은 태양의 광휘로 1928년의 날이 밝았다.

루스벨트는 대여섯 걸음은 혼자 힘으로 걸을 수 있게 됐다. 뉴욕 주지사를 4회 연임하고, 다시 대통령에 도전할 결심을 굳힌 스미스가 전화를 했다. 루스벨트는 풀에 들어가 있었다.

"없다고 해!"

조금 지나 다시 전화가 왔다.

"아이참, 없다고 하라니까!"

그날 밤, 루스벨트는 거리에서 스미스 지지 연설을 하려고 차례를 기다리고 있었다. 스미스가 이쪽으로 다시 전화를 했다.

"안 받는다고 해!"

"그러긴 곤란한데요. 연설을 끝내실 때까지 주지사께서 전화를 끊지 않고 기다리시겠답니다."

1시간 이상 기다리게 한 후, 루스벨트는 전화를 받았다.

"뉴욕 주지사에 입후보해주게. 부탁이네, 루스벨트."

"사양하겠습니다."

"지명돼도 거절할 텐가?"

이 한마디를 남기고 스미스는 전화를 끊어버렸다. 사실 스미스는 얼마 전부터 계속 루스벨트에게 출마를 권유하던 참이었다. 루스벨트는 치료에 전념하고 싶었다. 재활 센터 일도 마무리가 되지 않은 상태였다. 나이도 아직 46세에 불과했다. 사양한 것은 이런 이유 때문이었다. 기운이나 흥이 한창 무르익어 있는 것을 방감方酣하다고 한다. 루스벨트가 사양했음에도 출마해야 한다는 분위기는 이미 방감하고 있었다. 언론인 월터 리프먼은 이렇게 썼다. "뉴욕 주 곳곳에서 루스벨트를 원한다. 그것은 거스를 수 없는 대세다. 누구도 거부할 수가 없다. 마침내 당에서 그를 찾아 나섰다."

1924년 이후, 낙선이 빤한 선거에 면피용 후보로 차출당하는 것을 경계해온 하우는 출마에 반대했다. 하우는 대선에서 스미스가 공화당의 후버Herbert Hoover에게 질 것으로 판단했다. 뉴욕 주지사 선거도 마찬가지일 것으로 생각했다. 그리고 후버가 연임은 할 것으로 내다봤다. 때문에 하우가 염두에 둔 루스벨트의 정치 일정은 1932년 주지사 출마, 1936년 대통령 출마였다. 사실 1929년의 대공황을 초래한 책임으로 공화당이 몰락하기 이전이었기에 하우의 계산은 지극히 합리적이었다. 하지만 민주당은 루스벨트의 동의도 없이 그를 주지사 후보로 선출해버렸다. 다시 한 번 당명에 의해 차출된 것이었다.

루스벨트와 하우는 당명에 따랐다. 루스벨트의 상대는 강적이었다. 전국적인 분위기도 공화당의 우세였다. 하우는 두 가지 전략에 집중했다. 우선 전前 주지사 스미스의 이름과 업적을 앞세우는 것이었다. 자신이 왜 출마했는지에 대한 이야기보다 스미스의 업적을 주로 거론했다. 스미스가 오랫동안 주지사로 재임하면서 숱한 개혁 정책을 추진해온 걸 감안하고, 그의 텃밭인 도시 지역을 겨냥한 전략이었다. 다음으로, 주 상원 의원 선거에서 했듯이 농촌 지역을 훑고 다니는 전략을 구사했다. 원래 루스벨트는 농촌 지역에 강했다. 하우는 이 외에도 노동계의 지지와 여성 유권자를 효과적으로 동원했다. 하우는 선거 전략을 짜고, 일일 계획을 수립 · 집행했다. 여론 동향을 매일 체크하며, 수없이 쏟아져 드는 편지에 루스벨트 이름으로 답장을 보냈다.

어영부영은 원래 모습이 어영비영御營非營이었다. 조선조 말 '어영청御營廳'의 군기軍氣가 하도 말이 아니어서 어영은 군대도 아니라는 뜻에서 어영비영이란 말이 생겨났다. 그것이 쓰이는 중에 어영부영으로 바뀌었다. 적극적인 의지나 별생각 없이 일이 돼 가는 대로 행동하는 모양을 일컫는 말이다. 그의 뇌리엔 바로 이 어영부영이란 단어가 없었다. 하우는 마치 성마른 할아버지처럼 매사 깐깐하게 따졌다. 흥

이야항이야 하는 동네 구장區長처럼 모든 일에 개입했다. 그러면서도 다양한 의견을 소통시키는 중개자였고, 불필요한 아이디어를 걸러주는 조정자였다.

루스벨트는 신승辛勝했다. 불과 2만 5천여 표, 0.6% 포인트 차이의 승리였다. 뉴욕 주지사를 지낸 대통령 후보 스미스가 오히려 뉴욕 주에서 패한 반면, 14년이나 정계를 떠나 있던 루스벨트는 승리했다. 스미스와 비교해보면 농촌 지역에서 7만여 표를 더 얻었고, 도시 지역에서는 겨우 3만여 표 뒤지는 데 그쳤다. 선거운동을 농촌 지역에 집중하고, 스미스의 인기와 태머니파의 조직에 기대어 도시 지역을 공략한 전략의 승리였다. 승리가 확정되는 순간에도 하우는 담담했다. 어깨를 쭉 펴더니 담배를 한 대 피워 물었다. 그러고는 집으로 터벅터벅 걸어갔다. 달콤한 수면을 꿈꾸며 담배 연기를 훅 내뿜었다.

이해할 수 없는 행보였다. 하우는 주행정부에 들어가지 않았다. 모두의 예상을 뒤엎고, 범죄예방위원회에 그냥 눌러앉았다. 16년 동안 그렇게 고생했는데, 왜 그랬을까? 하우의 목표는 주지사가 아니었다. 대통령이었다. 대통령 선거를 준비하려면 밖에서 자유롭게 움직이는 게 여러모로 좋았다. 루스벨트의 신뢰는 이미 충분했다. 하우는 자리를 탐하지 않았다. 놀라운 절제력이다. 가까운 참모의 충언은 소홀히 하고, 낯선 이의 구변口辯에 현혹되는 것은 보스의 고질痼疾이다. 일을 욕심내지 않고 자리를 탐하는 것은 참모의 말증末症이다. 루스벨트와 하우는 이런 병으로부터 자유로웠다.

하우, 캠페인의 교과서를 쓰다

하우의 관심은 1932년 대통령 선거에 있었다. 행정부 운영과 개혁은 자신이 천거한 몰리Raymond Moley 교수를 중심으로 '브레인트러스트brain trust'가 주도해나가도록 하고, 자신은 대선 준비에 몰두했다. 주 행정부 소속은 아니었으나, 하우는 여전히 루스벨트 캠프의 '넘버 투'였다. 그는 밤이든 낮이든 언제고 루스벨트를 만날 수 있고, 어떤 얘기든 마음 놓고 할 수 있는 유일한 사람이었다. 그는 정치 전략 전반을 관장했고, 홍보를 지휘했으며, 루스벨트에게 쏟아지는 편지들을 관리했다. 루스벨트가 어떤 행위를 공식적으로 하기 전에 거쳐야 하는 물밑 접촉과 사전

조사도 그의 몫이었다. 취약 지역에 조직을 건설하고, 태머니파의 충성을 이끌어내고, 여론 동향을 점검하고, 대對언론 관계를 감독하고, 대통령 후보 지명을 위한 전국 조직을 구축하고, 중앙의 민주당 인사들과 접촉하는 역할도 떠맡았다. 루스벨트는 주지사 일에 전념하고, 그는 대선 준비에 매진하는 것이 그들의 역할 분담이었다. 양자 간의 효율적인 소통과 협력을 위해 주지사 관저에 하우의 방을 따로 두고 정기적으로 대화를 나눴다.

캠페인은 기획 다툼이면서 동시에 현장 대결이다. 하우는 팔리James Farley를 야전을 관장하는 장수로 선택했다. 팔리는 1928년 주지사 선거에서 뉴욕 주 민주당 사무총장으로 능력을 보여줘 하우의 호감을 샀다. 벽돌집 아들 팔리는 필드 정치의 대가, 친교의 달인이었다. 그는 사람 얼굴과 그 사람에 관련된 정보를 기억하는 재주가 뛰어났다. 또 사람을 만나고 난 뒤엔 반드시 편지를 보내 우의를 다지는 애프터서비스에 철저했다. 무엇보다 그는 사람을 좋아했다. 그는 '10만 명의 친구를 갖고 있다'고 할 정도로 유명한 마당발이었다. 하우가 전략을 기획하면, 그것을 실행하는 '슈퍼 세일즈맨super salesman'이 팔리의 역할이었다.

하우는 1930년 주지사 재선거에서 압승하는 것이 곧 대선으로 가는 왕도王道라고 판단했다. 그냥 승리가 아니라 압승을 위해선 전통적으로 공화당의 아성인 농촌 지역을 더 공략하는 것이 필수적이었다. 그는 뉴욕 주의 농촌 지역에 루스벨트 조직을 건설하는 데에 착수했다. 민주당 조직과는 별개로 '민주클럽연합'이란 조직을 결성했다. 농촌 지역의 주민들과 직접 대화하기 위해 라디오를 통해 '노변정담爐邊情談'을 시작했다. 노변정담은 농촌 지역 여론을 주도하는 공화당 성향의 신문을 견제하기 위한 수단이었다. 주행정부에 언론 대책실을 설치해 루스벨트를 조직적으로 홍보하는 방법도 썼다. 루스벨트도 행정부의 주요 업무는 부지사에게 맡겨두고, 선거운동 차원에서 주 전체를 열심히 돌아다녔다.

전국적 차원의 분위기 조성을 위해서는 편지를 활용했다. 전국에 산재해 있는 민주당 당직자들에게 지속적으로 편지를 보냈다. 세 번의 대선에서 연거푸 패한 민주당이었다. 당직자들은 선거에서 이길 수 있는 재목을 찾는 데 혈안이 돼 있었다. 루스벨트는 그들의 희망이 되고자 했다. 그에게 편지를 보내는 사람에게는 한 사람도 예외 없이 답장을 보냈다. 하우는 이를 전담할 팀을 별도 가동했다. 편지에는 루스벨트의 대필 사인이 사용됐다. 그리고 전국의 신문을 읽고, 배달되는 편지 속의 정보를 통해 정치 흐름과 여론의 향배를 체크했다. 하우는 전국의 주별 동향이 적힌 지도를 보며 대선 준비 활동을 총괄했다.

1930년 11월 루스벨트는 재선했다. 사상 유례가 없는 대승이었다. 예상대로 언론이 분위기를 선도했다. "민주당은 어제 차기 대통령 후보를 지명했다." 이듬해 3월 하우는 사무실을 따로 냈다. 본격적인 레이스에 돌입한 것이었다. 루스벨트의 친구들을 규합해 자금을 모았다. 주별로 루스벨트의 경선 조직을 구축해나갔다. 전국 각지에 '루스벨트클럽Roosevelt Club'을 무수히 만들었다. 이를 위해 윌슨 대통령의 분신이었던 하우스와도 자주 접촉해 그의 도움도 받았다. 팔리를 18개 주에 파견해, 사람들을 만나보고 분위기를 띄우도록 했다. 팔리는 돌아와 낙관적인 보고를 했다.

하우는 선거 본부가 아닌 별개의 사무실에서 모든 업무를 총괄했다. 현장을 점검하러 나간 팔리가 돌아와서 보고하러 들렀다. 하우는 등을 활처럼 구부리고, 손으로 무릎을 가슴까지 끌어안고, 그 위에 턱을 올려놓고 앉아 팔리의 이야기에 열중했다. 무아지경의 모습이었다. 15분 정도 팔리의 브리핑을 들은 하우는 잠시 창문을 물끄러미 응시했다. 그런 다음 팔리가 언급한 한 사람 한 사람에 대해 평하기 시작했다. 그들 개개인이 무슨 동기를 가지고 있으며, 앞으로 어떻게 할 것인지에 대해 분석했다. 그럴 때면 팔리는 그 정확성에 놀라 저도 모르게 머리를 절레절레 흔들게 됐다. "이 작은 체구의 사나이는 다른 사람을 통해 전해 듣고서도 간단하게 그 사람의 본질을 파악해내는 천부적 재능을 가지고 있다. 내가 살면서 이런 인간은 난생처음이다." 팔리의 말이다.

하우는 루스벨트에 대한 책을 발간하도록 했다. 어머니까지 루스벨트에 대한 책을 쓰도록 했다. 루스벨트의 이미지를 높이기 위한 방안이었다. 루스벨트의 건강에 대한 소문이 터져 나왔다. 불가피한 것이었다. 하우는 정면 돌파했다. 세 명의 권위 있는 의사들로부터 검진을 받도록 하고, 진단서를 언론에 공표했다. 이 기사가 실린 잡지를 5만 부나 사서 대대적으로 뿌렸다.

선거에서 가장 중요한 요인은 후보다. 후보가 우위를 보이면 선거가 조금 쉽다. 후보가 실수하면 수습하기 힘들다. 후보는 잘 관리돼야 한다. 이런 관리는 선거 후에도 마찬가지로 유지돼야 한다. 다른 사람의 삶에 영향을 미치는 자가, 혼자만의 아집대로 분탕질하도록 허용해서는 안 된다. 하우는 루스벨트를 관리하는 데에도 조금의 소홀함이 없었다. 어느 날 하우는 루스벨트에게 이렇게 퍼부었다. 최소한의 존대조차 없었다.

> "루스벨트, 이런 멍청이! 그건 하면 안 돼. 분명히 말하는데, 절대로 안 돼. 그래도 고집을 부리겠다면 당신은 정말 지독한 바보야. 평생 후회하면서 살 거야. 기억해두라고. 반드시 후회하게 될 거야. (잠시 루스벨트의 말을 듣고 나서) 그래 좋아, 그렇게 해봐, 이 돼지머리야. 나중에 내가 말 안 해줬다고 그러지 마. 도대체 그게 뭐야. 지금 수영하러 가는 줄 알아? 그래, 그렇다고 생각한다면, 빌어먹을… 물에 빠져 뒈져버려."

초반 경선 분위기는 좋았다. 루스벨트는 대세를

장악해나갔다. 하지만 얼마 지나 곧 장애에 부딪혔다. 1929년의 대공황으로 민주당의 승리가 눈에 보이자 너나 할 것 없이 경선에 뛰어들었다. 6월, 전당대회가 열렸다. 하우는 컨그레스호텔 1702호에 자리를 잡고 당일 캠페인을 지휘했다. 루스벨트와 핫라인을 개설해놓고 수시로 상의했다. 그는 루스벨트와 전당대회장의 경선 지도부를 연결하는 통로였다. 모든 오더는 그를 통해 전달됐다. 그는 자신의 방에 대의원들을 불러 모아놓고, 뉴욕 주에 머물고 있는 루스벨트의 육성이 전화기에 부착된 확성기를 통해 그들에게 들리도록 했다. 이러한 전화대화는 상당한 효과를 거두었다. 하우는 루스벨트의 캠페인 송을 〈행복한 날이 다시 왔네Happy Days Are Here Again〉로 정했다. 루스벨트의 재기와 활력, 승리를 갈망하는 당의 기대, 대공황 극복을 희구하는 민심을 효과적으로 상징하는 것이었다. 소심과 세심은 다르다. 세심한 일 처리에 능한 사람이 큰 결단을 감당할 수 있다. 하우는 생각할 수 있는 모든 것에 시시콜콜 간섭하고 감독했다. 어정뜬 이는 누구라도 용서치 않았다. 세심했지만, 그렇다고 결단을 주저하는 소심은 아니었다. 하우의 선거운동은 훗날 케네디,

닉슨 등 거의 모든 캠페인의 전형이 될 정도로 치밀했다.

마침내 루스벨트를 대통령으로 만들고

진통 끝에 루스벨트가 대통령 후보에 선출됐다. 승리가 확정된 순간 하우가 말했다. "자, 여러분! 전쟁은 끝났습니다. 원하는 사람은 밖에 나가 마음껏 소리치며 시끄럽게 놀아도 좋아요. 뭐 밤샘을 하는 것도 괜찮겠지. 하지만 나는 이제 좀 자야겠어." 그는 큰일을 이룬 후에도 소박했다. 평정심을 잃지 않았다. 경선 과정에서 보여준 하우의 역할에 대해 한 기자는 이렇게 썼다.

"컨그레스호텔의 1702호실. 이 숫자를 기억해야 한다. 대통령 후보는 이 방에서 결정된 것이나 다름없다. 1702호는 백악관으로 향하는 대기실이 될 것이 분명하다. 이 방에 들어선 사람들은 운명이 이 안에서 결정되고 있다는 느낌을 가지게 된다. 이 방의 주인은 미국 정치사에서 가장 독특한 사람이다.

그는 중세의 난쟁이와 비슷하다. 그가 바로 하우다. 살아 있는 사람들 중에서 루스벨트와 가장 가깝고, 루스벨트의 분신이며, 루스벨트가 대통령으로 가는 길의 실질적 우두머리이며 심장이다.

그는 이 방에서 먹고 잔다. 방문을 나서기는커녕 창밖조차 내다보지 않는다. 주위의 사람들이 경악할 정도로 지칠 줄 모르는 에너지를 일에 쏟아붓고 있다. 잠은 4시간만 자고, 식사는 배고플 때만 한다. 그것도 샌드위치 하나와 한 컵의 우유가 전부다. 사실 먹는 것은 그에게 의미가 없다. 오직 루스벨트에 대한 지지를 끌어모으는 것과 루스벨트의 전화뿐이다. 그의 옷은 헐렁하지만, 그의 예지는 결코 그렇지 않다. 오직 루스벨트에게만 끝없는 충성을 바치는 이 사람이 바로 역사가 만들어지는 권력의 산실産室을 관장하고 있다."

루스벨트는 후보 수락 연설에서 국민에 대한 '새로운 대우new deal'를 약속했다. 대공황으로 인해 수많은 사람들이 길거리에 나앉는 등 엄청나게 고통받고 있었다. 그러나 공화당 정부는 '펀더멘털이 좋다'는 말만 외치며 수수방관했다. 국민을 제대로 대우하지 않고 방치했다. 루스벨트는 이런 방침에서 180도 전환했다. 국민의 고통을 정부가 나서서 구제하는 '뉴딜'을 약속했다.

1932년 선거가 다가왔다. 공화당의 정책 실패에 대한 국민적 분노는 대단했다. 루스벨트의 승리는 분명했다. 하지만 루스벨트는 방심하지 않고 정력적으로 선거운동을 했다. 대공황을 초래한 공화당의 후보를 맹공했다. 지방의 정당 활동가 14만 명을 규합해 풀뿌리 조직을 건설했다. 하우가 오랫동안 관리해온 노동자·농민들이 대공황의 피해를 가장 많이 입었다. 이들은 더욱 열광적으로 루스벨트를 지지했다. 11월 루스벨트는 압도적인 지지로 당선됐다. 그와 함께한 지 20년 만에 하우는 필생의 염원을 이뤄냈다.

하우가 루스벨트에게 전화를 걸었다. "축하드립니다. 이제 제 할 일은 다 마친 것 같군요. 그만 집에 가서 좀 자야겠습니다." 고난의 20년 세월이 주마등처럼 떠오르련만 하우는 담담했다. 희로애락을 속으로 갈무리하고 평정심을 잃지 않는 것이야말로 가장 하우다운 모습이었다. 제갈공명의 헌신을 국궁진췌鞠躬盡瘁라고 하는데, 하우도 그랬다. 몸과 마음을 다해 이바지했다.

선거가 끝났다. 루스벨트는 군중 앞에서 두 사람을 승리의 최대 공신이라고 밝혔다. 하우와 팔리였다. 팔리야 언론에서 익히 알고 있는 인물이지만, 하우라는 이름은 생소했다. 관심이 하우에게 집중됐다. 킹메이커, 대통령의 분신, 차기 정부의 브레인 등 온갖 별명이 다 붙여졌다. 윌슨 대통령의 유일한 조언자였던 하우스와 마키아벨리를 합쳐놓은 인물이라는 소리도 들렸다. 켄터키 주지사로부터는 '각하Colonel'라는 칭호도 선사 받았다. 어느새 하우는 살아 있는 전설이 됐다.

2인자의 위대함은 균형을 잡아주는 것

대선 후 하우는 대통령의 비서관이란 직책을 받았다. 그리고 백악관의 링컨룸에 기거하며 루스벨트와 함께 살았다. 수시로 대통령을 만나 국가의 대소사에 대해 의견을 나눴다. 국정 운영 기조를 토론했고, 정책의 방향을 설정했다. 루스벨트가 아이디어를 내면, 하우는 그것을 조각조각 내어 있을 법한 모든 결점을 샅샅이 찾아내는 비판자의 역할을 했다. 하우의 모든 비판을 충분히 방어하고 나서야 비로소 루스벨트의 아이디어는 OK라는 사인을 얻을 수 있었다. 루스벨트가 모든 문제를 털어놓고 상의하는 사람은 하우가 유일했다. 그는 아버지처럼 루스벨트의 모든 이야기를 자상하게 들어주고, 나무랄 것은 나무라고 타이를 것은 타일렀다.

하우는 루스벨트를 지키는 수호천사였다. 수없이 찾아오는 민원인은 그의 차지였다. 특히 루스벨트와 남다른 관계에 있던 이들을 맞이하고 좋은 모양으로 돌려보내는 것은 그만이 할 수 있는 일이었다. 대공황의 여파로 생겨난 데모대의 대표를 만나고, 쇄도하는 편지에 일일이 답장하는 등 루스벨트의 시간을 빼앗을 만한 일은 그가 도맡아 처리했다. 또 하우는 해결사였다. 퇴역 군인들의 데모 현장에 엘리너와 함께 찾아가 그들에게 감동을 주기도 했다. 그는 정부 부처나 기관들에서 일어나는 모든 일을 체크했고, 문제가 발생하면 루스벨트를 대신해 그것을 해결했다. 직원을 해고해야 할 때에도 하우가 악역을 맡아 처리했다.

하우가 맡은 역할 중에서 가장 중요한 것은 정권의 관리자였다는 것이다. 그는 대부분의 정책에 직접 개입하지 않았다. 하지만 루스벨트와 단둘이 대화하는 가운데 그의 정책 노선은 충분히 반영됐다. 농민과 노동자 등의 권익을 신장하고, '잊힌 사람들forgotten people'의 고통을 해결하는 획기적인 법안, 즉 농업조정법이나 전국산업부흥법, 전국노동관계법 등은 그의 오랜 신념을 반영한 것이었다. 실업 보험, 노동시간 단축, 농산물의 적정가격 보장 등 대공황의 극복과 '보다 풍요로운 삶'을 위해 노력했다. 특정인의 목소리가 정국 운영에 과도하게 반영되지 않도록, 특정 이념이 지배하지 않도록 균형을 잡는 데 각별한 관심을 기울였다. 사회 세력의 역관계를 재조정함으로써 균형 잡힌 정부를 달성하려는 것이 그의 큰 그림이었다.

여론 동향을 체크함으로써 정책 구도를 설정하고, 정책 입안에서부터 다양한 목소리가 균형 있게 참여하도록 하고, 정책을 집행하는 부처의 갈등을 사전 조정하고, 연설과 방송 등을 통해 집중적으로 홍보해나갔다. 정책의 구체적 설계에는 개입하지 않았다. 이런 점에서 그는 '뉴딜 정책New Deal Policy'의 건설자는 아니었다. 그러나 정책의 방향을 설정하고, 제諸 세력과의 관계를 풀어가는 데에는 기여했다. 그는 정부를 지지하는 세력들이 묶인 '뉴딜 연합 New Deal Coalition'의 관리자였다. 노동자, 농민, 소시민, 흑인, 외국 이주민 등을 주축으로 하는 뉴딜 연합은 이후 30년 동안 민주당 전성시대를 지탱한 기반이었다.

떠날 때가 된 것일까.

백악관에 들어간 다음 해 가을부터 하우의 건강은 악화되기 시작했다. 20년이 넘게 죽음과 함께 살아온 세월이었기에 갑작스럽게 닥친 낙조落照는 아니었다. 1935년 1월에는 병이 급격하게 나빠져 하루 종일 침대에 누워 있어야 했다. 8월에는 더 악화돼 병원으로 옮겨졌다. 드는 자리는 몰라도 나는 자리는 안다고 했던가. 언론은 하우의 조언이 없어지면서 루스벨트가 기세와 방향을 상실했다고 지적하기 시작했다. 하우의 과도한 영향력을 비난하던 행정 관료나 민주당 간부들조차도 그를 그리워했다. 2인자의 위대함은 균형을 잡아주는 데에 있다. 그가 건재했더라면 뉴딜 개혁은 보다 안정적으로 추진됐을 것이다.

1936년 4월 18일, 하우는 운명했다.

24년을 한 사람에게 바치고도 모자랐을까. 그는

마지막 순간에도 자신의 영웅 루스벨트가 치러야 할 다음 선거에 대한 걱정, 소란해진 정국을 염려했다. 그러나 차마 감기 싫은 눈은 그의 의지와 상관없이 감겨졌다. 시를 좋아하고, 연극을 좋아하고, 탐정소설을 좋아하고, 수채화를 좋아하고, 야생화를 좋아하고, 고양이를 좋아하고, 그리고 무엇보다 루스벨트를 좋아하던 지상의 정령은 그렇게 이 땅을 떠났다. 죽어서 루스벨트를 보살피는 천상의 요정이 되었는지도 모를 일이다.

하우의 참모 멘토링mentoring

- 참모의 'no'는 보스의 정신을 명징明澄하게 하는 보약이다. 자만심을 무너뜨리고, 태만함을 깨우며, 실패를 예방하는 원동력이다. 참모의 'yes'는 정신을 혼미하게 하는 독약이다. 오판하게 하고, 방심하게 하고, 패배하게 만드는 추동력이다.

- 그대 아직 꿈꾸는가. 언제나 합리적 선택을 할 수 있다는 생각은 환상이다. 늘 주체적으로 결정할 수 있다는 관점은 착각이다. 불가피한 선택과 결정이 있다는 사실을 흔쾌히 수용하라. 그런 다음, 악착같이 대책을 강구하라.

- 어떤 상황에서도 보스를 믿으라. 상상조차 못한 난관에 빠지더라도 희망을 잃지 않으면 재기할 수 있다. 정녕 끝이라고 여길 때는 보스가 그렇게 결단하도록 설득하라. 보스의 의지가 굳건한데 참모가 떠나는 것이 금기는 아니지만, 어지간하면 피해야 할 기피 사항이다.

- 자리를 탐하지 말고, 일을 욕심내라. 자리를 탐하면 반드시 그 끝이 좋지 않다. 자리에 앉더라도 조금 늦게, 조금 낮게 하라. 과욕하면 망신한다.

- 작은 일에 대한 관심을 우습게 보지 말라. 화근은 대수롭지 않은 것에서 비롯된다. 깨끗이 가지는 몸과 굳게 잡은 마음이 조操다. 잘못이나 실수가 없도록 말이나 행동에 마음을 쓰는 것이 조심操心이다. 세밀하게 살펴서 나쁠 게 무에 있으랴.

2권에서 계속됩니다.

이철희 _ rcmlee@naver.com

1964년 경북 영일에서 태어나 고려대학교 정치외교학과를 졸업하고 동 대학원에서 석사학위를 받았다. 대학원 시절 여러 대학의 소장학자들이 모여서 만든 학술운동 단체인 한국정치연구회에 참여해 운영위원으로 활동했다. 군 제대 후 국회의원 비서관으로 사회생활을 시작해 한국정보화전략연구소 기획위원, 컨설팅 회사 RCM의 기획실장을 역임했다.
국민의 정부 시절 청와대 정책II 행정관으로 재직하며 옷로비 사건과 맞닥뜨려 사직동팀의 해체 등 무조건 민의에 따를 것을 건의하는 보고서를 올렸다. 의약 분업과 관련해서는 정교한 정책 디자인과 세심한 프로세스 관리를, 사법 개혁과 관련해서는 과감한 드라이브를 건의했다. 청와대를 떠나서는 다시 국회에 들어가 보좌관으로 일했고, 이어 문화관광부 장관 직속 21세기문화정책위원회 사무국장, 대한핸드볼협회 이사, 국회 정책연구위원 등을 지냈다. 국회, 청와대, 행정부의 기획 파트를 두루 경험한 보기 드문 경력을 갖고 있으며, 기획력과 전략 수립 능력이 뛰어나다는 평을 듣는다.
현재 KSOI(한국사회여론연구소) 컨설팅 본부장 겸 수석 애널리스트로 일하고 있다. 저서로 『디브리핑-클린턴과 블레어 그리고 그 참모들』, 『1인자를 만든 참모들』, 『어드바이스 파트너』 등이 있다.

1인자를 만든 2인자들 1권 [큰글자도서]

발 행 일 : 2010년 5월 24일
지 은 이 : 이철희
발 행 처 : BF북스
발 행 인 : 김동복
주 소 : 서울시 성동구 아차산로17길 57 일신건영휴먼테코 1203호
전 화 : 02)3426-7511
팩 스 : 02)3426-7502
전자우편 : kbraille@naver.com
홈페이지 : www.kbraille.net

ISBN 978-89-93793-85-7
ISBN 978-89-93793-87-1 (세트)

이 책은 큰글자도서로 출간하면서 두 권으로 나누어서 편집되었습니다.
잘못된 책은 바꾸어 드립니다. 값은 뒤표지에 있습니다 .